# 経済学の学び方

将来の経済学研究者のために

根井雅弘

第2章

## 「見えざる手」の独り歩き——アダム・スミス



第3章

## 資本主義の「歴史相対性」を学ぶ——ジョン・スチュアート・ミル

# 第4章 ケンブリッジの「伝統」への反逆——ジョン・メイナード・ケインズ

# 経済学の学び方

将来の経済学研究者のために

# はじめに

2022年10月、私は日吉にある慶應義塾高等学校で「イノベーションとは何か―シュンペーターの思想形成を考える」と題する講演をおこなった。高校生相手の講演は初めての経験だった。なぜ私が同校の日吉協育ホールの演壇に立つことになったかというと、5年ほど前、日経新聞のインタビュー記事を読んで以来、当時校長で今は社会科教諭（日本史）の古田幹先生が掲げる「正統と異端を兼ね備えた人間づくり」に共感していたからである。[*1]正確を期すために、その記事の該当部分を引用してみよう。[*2]

「日本を代表する正統派のリーダーを輩出してきた塾高。来年、70年を迎える名門校の次の人材育成のキーワードは「異端」だという。古田校長は「ここでいう異端とはイノベーションという意味で使っています。既成の枠組みにとらわれることなく殻を突き破って新たなものを創り出していくということです。今の生徒はまじめで優秀なんですが、小粒になってきた。そこで『正統と異端を兼ね備えた人間づくり』を新たな目標に、70年事業として様々な取り組みを始めていますす」という。」

私はこの記事を読んだとき、かなり驚いたことをよく覚えている。もし私の理解が間違いではなく、「正統と異端のせめぎ合いのなかからイノベーションが生まれる」という意味なら、それは私が一作目『現代イギリス経済学の群像――正統から異端へ』(岩波書店、1989年)以来あたためてきた研究テーマとそのまま重なるからだ。ケインズと並んで20世紀経済学の天才と称されるシュンペーターの思想も、「正統と異端のせめぎ合い」のなかで形成されてきたと言ってよい。この点は、第5章で詳しく論じることにしよう。

私は、とりあえず、古田先生宛にお手紙を添えて拙著『シュンペーター――企業者精神・新結合・創造的破壊とは何か』(講談社、2001年)を謹呈することにした。それからすぐに返信があり、あれよあれよという間に講演に結びつくことになった。古田先生によると、慶應高校では、創立70周年を記念して建立された「日吉協育ホール」にて、学界や実業界などで活躍する方々が高校生を相手に講演する「協育プログラム」を実践中とのことだったが、私の講演は、その隙間に挟んでいただくことになった。

慶應高校の場合、三田や日吉にある大学の教員が定期的に訪れているので、経済学に数学や統計学が広く使われていることを知らない生徒はいないと言ってよい。私も数学や統計学、さらにいま流行りのデータサイエンスなどの重要性を否定するつもりは全くない。私は経済学の歴史を研究してきたので、19世紀の後半頃から、経済理論に微積分が使われるようになり、20世紀に入ると線型数学（行列式、行列、ベクトルなど）、さらには位相数学（トポロジー）なども加わっていった流れをよく知っているつもりだ。

数学の出来不出来は年齢に関係がないので、例えば、数学オリンピックに出場するような高校生なら大学で使われている程度の数学は楽々とマスターしてしまうだろう。そこまで行かなくとも、基礎的な経済理論を理解するための数学なら、ふつうの高校生でも十分に理解できると思う。*3

私も数学は好きな科目だったので、中学生のとき、遠山啓（1909—79、東京工業大学名誉教授）の往年の名著『数学入門』上・下（岩波新書、1959—60年）や『無限と連続』改版（岩波新書、1952年）を読んだが、このような基本を知っていたおかげで、後に経済学を学ぶときにも戸惑いはなかった。

当時、受験数学の参考書（旺文社の『よくわかる』シリーズ）で有名だった田島一郎（1912—85、慶應義塾大学名誉教授）の数学エッセイや解説書も好きだった。『イプシロン‐デルタ（数学ワンポイント双書）』（共立出版、1978年）は、解析学でつまずきそうなポイントを丁寧に解説した好著だったし、大学に入ってから読んだ『解析入門』（岩波全書、1981年）も、高校数学と大学数学をうまく連携させようとした意図が成功した名著だった。

経済学を専門に決めてからは、定評ある経済数学の教科書（久武雅夫『新版 経済学研究者のための数学入門』春秋社、1970年）も読んだが、あまり新味は感じなかった。その本は、もともと、経済学部の学生がJ・R・ヒックスの『価値と資本』（初版は1939年、安井琢磨・熊谷尚夫の共訳で岩波文庫に収録されている）の「数学付録」が読めるようになるために書かれたものだが、新版では、その後の経済理論の発展を考慮して行列や差分方程式などが補足されていた。微積分や行列式などに不案内な読者向けではあるが、現代経済学では、さらにゲーム理論やトポロジーなどが使われているので、歴史的な使命は終えたのではないかと思う。

私は経済理論家ではないので、経済学で使われている高等数学に関しては専門家の意見を聞いたほうがよいが、「数学愛好家」としては、いまでも大家がジュニア向けに書いた数学解説書は好んで手にとっている者の一人である。中学や高校の数学を念頭に置いた、遠山啓の一連の入門書は楽しく読んだし、数学から経済学に転向し、世界的な理論経済学者になった宇沢弘文（1928―2014、東京大学名誉教授）が晩年に書いた一連の数学入門書（『算数から数学へ』や『好きになる数学入門』全6巻、ともに岩波書店）も折々に読んできた。

こういう勉強は、なにかの「試験」のためではなく、一言でいえば、「面白い」からやってきたのである。だが、このような素地があったおかげで、経済学のための数学書を読むときも、ほとんど抵抗なく入っていけたように思う。学部時代は、必要に応じて、古屋茂『行列と行列式』増補版（培風館、1959年）、矢野健太郎『微分方程式』（裳華房、1957年）、入江昭二『位相解析入門』（岩波書店、1957年）などを読んだが、数学教育に熱心だった松坂和夫（1927―2012、一橋大学名誉教授）やサージ・ラング（1927―2005、イェール大学名誉教授）の著作なども参照した。すべて自発的に読んだもので、誰かに勧められたわけではない。自分に合った本を選ぶ訓練も大事だと思う。なかなか勉強が進まないとこぼす人のなかには、この訓練が足りていない場合が少なくない。

現代経済学はもっと高等な数学を使うようになったので、繰り返すようだが、経済学を専門的に勉強したい人は、専門家のアドバイスをよく聞いてほしい。

数学の他に私が好んで勉強してきたのは語学である。語学の勉強については、16歳のときから「師」と仰いできた清水幾太郎が関係してくるが、それはすぐ後で触れることにしよう。

拙著『経済学者の勉強術』（人文書院、2019年）に書いたように、私は中学時代から英語が得意で、中三のときには英字新聞や雑誌『ニューズウィーク』が読めるくらいになっていた。その段階で高校までに習うような英文法や英作文などは修得していたので、街の本屋さんに寄ったときは、なにか語学の面白さを教えてくれるような本を探していた。そのとき見つけた一冊が、中村保男『翻訳の技術』(中公新書、1973年)だった。新書版の小さな本だったが、単なる英文和訳とは違う「翻訳」という世界に目を開かせてくれた点でいまでも鮮明に記憶している。

中村氏は英文学出身なので、私の関心のある社会科学とは違っているが、英語を日本語に移し替えるときに工夫すべきこと(英語の前に日本語の意味を正確に把握すること、ときに英語の語順に配慮した訳し方も必要になること、等々)を教えてくれた。当時、レベルの高い英語参考書としては、朱牟田夏雄『英文をいかに読むか』(文建書房、1959年)という名著があったが(2019年に研究社から新装版として復刊された)、同氏の『翻訳の常識』(八潮出版社、1979年)とともに、私のお気に入りの参考書となった。

高校までの英文法は、英語学習の基礎なので、大学に入学するまでにしっかり身につけてほしいが、入学後でも使える参考書として、江川泰一郎『英文法解説』改訂新版(金子書房、1964年)を推薦したい(現在では、改訂三版が出ている)。この本は、辞書的に読むことも可能だが、できれば全体を通読したほうがよい。この本を超えるレベルは、ほとんど英語の専門家以外には必要ないものと考えてよいほど充実した内容である。のちに熟読するようになった安西徹雄『翻訳英文法——訳し方のルール』(いまでは、新装版が出ている。バベルプレス、2008年)も、江川氏の英文法書を高く評価している。

私は、のちに、英語で書かれた経済学の古典をいかにして速く読み、自然に訳せるようになるかという目標を一つに絞って、白水社から一連の英語ものを出してもらったが（『英語原典で読む経済学史』『英語原典で読む現代経済学』『英語原典で読むシュンペーター』など）、そのような仕事の基礎は、右のような勉強にあったと思う。

さて、前に言及した清水幾太郎（1907―88、社会学者）との付き合いに戻ろう（清水先生と知り合うきっかけについては、拙著『経済学者の勉強術』を参照のこと）。清水先生と知り合いになったのは、誕生日が近かったので、よく覚えている。16歳のときだった。私は、『論文の書き方』（岩波新書、1959年）、『現代思想』上・下（岩波書店、1966年）、『倫理学ノート』（岩波書店、1972年）など一連の著作を読んでいたが、手紙のやりとりを通じて、先生のほうから「ぜひ研究室に遊びにきてほしい」ということになり、ときにお邪魔するようになった。特別に「授業」を受けに行ったわけではないし、何かの本を読んでくるように言われたこともないので、「師弟関係」というには遠いが、それでも私は先生の学識から大きな影響を受けた。古い言葉を使うなら、「通い弟子」のようなものである。

清水先生は、旧制中学から旧制高校にかけて主にドイツ語、東京帝国大学でフランス語、さらに少し後になって英語と少なくとも三つの言語で原書を読んできた読書のプロであった。読むスピードも極めて速かった。しかし、努力なしにこのレベルに達したのでは決してない。その経緯は、先生の『私の読書と人生』（要書房、1949年）に詳しく書かれている（その本は、のちに、講談社学術文庫、1977年に収録されている）。

先生は、旧制中学に通っていた生意気な生徒の頃（と本人が言っているが）、担任の教師から「君などは社会学をやった方がよい」という趣旨の言葉を投げかけられたことがきっかけとなり、偶然に社会学にのめり込むようになった。そして、手始めにドイツ語、のちにフランス語で海外の文献を読むようになった（通っていた獨協中学校では、珍しく、中学から第一外国語としてドイツ語を教えられたので、英語を読むようになったのは、大学を出てからだったという）。旧制東京高等学校時代には、並の社会学者よりも多くの洋書を読んでいたはずだ。進学した東京帝国大学文学部社会学科でもその才能は抜きん出ており、すぐに社会学科の副手としての仕事を始めた。ところが、あれほど将来を嘱望されながらも、諸々の事情で大学を飛び出し、読書の成果を文章にして原稿料をもらう「売文業」（これも先生の言葉である）を始めた。そのような読書はあまり楽しくないこともあったに違いない。しかし、その修練が、のちの「社会学者・清水幾太郎」の基礎をつくったのである。

「売文業」というのは、いまでいえば、フリーランスの物書きという表現になるだろうが、その仕事は売れなければ次の注文は来ないという意味で、大学教授よりも生活はきわめて不安定になって当然である。それゆえ、必死に物書きに専念しなければならない。自分の専門と関係があるかどうかなど言っている暇はない。清水先生は、そのようなフリーランスの物書きになったとき、児童問題についてのアメリカの文献を読む必要に迫られて英語を勉強し、アメリカの社会心理学やジョン・デューイ（1859—1952）などに出会ったのである。いまでも印象に残っている文章を引用してみよう。

「この時に、私は初めて英語というものと本気で向き合うことになった。アメリカを措いて、児童の生活が科学的に研究されている国はない。この方面でアメリカが生み出した文献は、既に莫大な遺産となっている。アメリカの文献を無視してこの問題を処理することは不可能と知った。私はそれを読まねばならず、また翻訳せねばならなかった。実際に、私はこれを行った。私がこの冒険に成功したのには、当時毎日のように会っていた堀秀彦の助力が大きな役割を果している。彼は教育の問題に関する知識と英語の力とによって、私に欠けていた諸点を補ってくれた。私は実に多くのものを彼に負っている。児童の問題の不思議な魅力に導かれながら、怪しい手つきで英語の文献を読み進んで行くうちに、今まで霧の中に隠れていた風景が俄に明瞭な輪郭を示し始めた。喘ぎ喘ぎ登っているうちに、広大な展望を与える新しい高所へ這い上ったと言ってもよい。何れにせよ、見えなかったものが一挙に見えて来たのだ。本当は日を逐って展望が開けて来たのかも知れないが、十五年を経た今日から回顧すると、昭和九年の或る日に突如として思いも寄らぬ展望が開けたとしか考えられぬ。その日まで私が追い廻していた児童の諸問題は、その背後に、アメリカにおける生物学、心理学、社会心理学、社会学、文化人類学の著しい発展を忍ばせていたのである。背後に隠れていたものが、玩具や小児科の諸問題を押しのけて、それ等を突き破って、私の眼前に飛び出す。生物としての人間に与えられた性質と可能性、社会生活がこれに加える選択的作用、社会的に形成された諸個人が逆に社会を形成して行く事実。これ等は私にとって限りなく新鮮なものであった。私にとってそれは一種の啓示であった。」

（『私の読書と人生』講談社学術文庫、前掲、106－107ページ）

ところが、残念なことに、最近の大学では、外国語で書かれた文章を正確に理解し、適切な日本語に移すという意味での「訳読」が軽視され、「聞く」「話す」という意味での実用性が重視されるようになった。外国語ももっぱら英語といっても過言ではなく、まともな第二外国語の教育をしている大学のほうが希少になってきている。私は英語の実用性を否定するつもりは全くないし、グローバル社会の現在、それを身につけることは必須でさえあると思う。だが、いろいろな外国語の文章の訳読は、外国語と日本語との構造の違いを理解し、日本語らしい表現力を養わせるには格好の訓練であることに変わりはない。その意味で、極端な「実用主義」には反対している一人である。

清水先生を模範としていた私は、関心のある経済学者であったシュンペーターの主著『経済発展の理論』（初版1912年、第二版1926年）がドイツ語で書かれているために、ドイツ語を学習し始めた。藤田五郎『藤田ドイツ語入門』（第三書房、1952年）、相良守峯『ドイツ文法』（岩波全書、1951年）などを手始めにドイツ語の文法や構造を解説する参考書を読んで基礎を作ったあと、『経済発展の理論』の英訳を参照しながらドイツ語原典を読んでいった。

これはなかなか時間を要する作業だったが、これに耐えられなかったら、一生シュンペーターの原典を読めるようにはならなかっただろう。どの分野でも、西洋の思想史を専攻した学者や研究者なら似たような経験があるのではないだろうか。私は学生だったから、時間は十分にあったが、清水先生は、生活のために英語の文献を読み、そして雑誌のために締め切りまでに文章を書くという仕事を「強いられた」わけだから、どちらが苦労が大きいかは明白である。私などは足元にも及ばない。

実は、私は、ドイツ語を真面目に学び始める前、田辺保『フランス語のこころ』（至誠堂新書、1969年）を読んだことがあり、たまたまうちにあったフランス語学習用の「リンガフォン」のカセットテープ（若い学生には通じないだろうが、CDのようなものと思えばよい）を聴いていた。

なかなか魅力のある発音だったので、前田陽一・丸山熊雄『新フランス語入門』（岩波書店、1957年）をめくっていた。

だが、シュンペーターを読むうちに、フランソワ・ケネー（1694―1774）やレオン・ワルラス（1834―1910）などのフランス人の名前がよく出てくるのが気になって、のちに集中的にフランス語を勉強したことがある。まだ往年の名著、朝倉季雄『フランス文法事典』（白水社、1951年）が流通していた頃である（その本は、2002年、新版が出ている）。倉田清『仏文和訳の実際』（大修館書店、1977年）も参考になった。そのおかげで、『ケネー全集』やワルラスの『純粋経済学要論』はなんとか読めるようになったので、経済思想史家としての基礎学力に資するところ大であったと思う。語学の勉強は、ときに苦労もあるが、結構楽しいものだ。

シュンペーターに戻ろう。彼の経済理論については、詳しくは、第5章を読んでほしいが、この段階でどうしても触れておきたいのは、シュンペーターが当時経済学が最も発展していたイギリスの正統派経済学の大物、アルフレッド・マーシャル（1842―1924）を執拗に意識していたことである。マーシャルの主著『経済学原理』（初版は1890年、1920年の第8版まで版を重ねた）は、世界で最も権威のある経済学教科書であったと言ってよいが、ケンブリッジ大学の経済学教授として、A・C・ピグー、J・M・ケインズ、D・H・ロバートソンなどの有能な経済学者たちを直接・間接育成し、「ケンブリッジ学派」と呼ばれる強力な研究集団を創り上げた。

マーシャルは、イギリスばかりでなくヨーロッパ大陸の経済理論の新しい展開にも精通していたが、それでもはやり、アダム・スミス（1723―90）からD・リカード（1772―1823）を経てJ・S・ミル（1806―73）へと流れてきたイギリス古典派経済学の伝統に対する深い尊敬の念を抱いていた。そして、それを受け継ぐのは自分に他ならないという信念を持っていたと思う。経済学説の連続性ばかりでなく、経済そのものも連続的に発展していくと考えたのがマーシャルの特徴であった。彼の『経済学原理』をひもとくと、とびらに「自然は飛躍せず」という言葉がラテン語で刻まれているのが見てとれる。さらに、『経済学原理』第8版の序文には、連続的な経済進歩というマーシャルのヴィジョンが明確に提示されている。*4

「経済発展は漸進的である。その進歩は、政治的な大混乱によってときに阻止されたり逆転させられたりする。しかし、その前方への動きは、決して急激ではない。なぜなら、西洋世界や日本においてさえも、経済進歩は、一部は意識的、もう一部は無意識的な習慣に基づいているからである。もちろん、一人の発明家や組織者や天才的な金融業者が、一国民の経済構造をほとんど一挙に変形してしまったように思えるかもしれない。しかし、彼の影響の一部で、単に表面的で一時的ではなかったものは、よく吟味してみると、長いあいだ準備されてきた建設的な動きの全体が花開いたに過ぎないことがわかる。自然の発露には、最も頻繁に生じ、非常に秩序だっているので、綿密に観察し詳細に研究し得るものがある。それらは、ほとんど他の科学的研究と同じように、経済研究の基礎である。他方、間欠的で、滅多に生じず、観察の困難なものは、ふつう後の段階での特殊な検討のために残される。それゆえ、『自然は飛躍せず』というモットーは、経済学の基礎に関する著作にはとくに適切なのである。」

実際のところ、イギリスは、現代の専門家による推計によると、[*5]一人当たり実質GDPの成長率は、1820―70年の期間で1・2％、1870―1913年の期間で1・0％というように、「産業革命」というイメージとは違って、ゆっくりとしたスピードで着実に成長してきたのである。マーシャルが経済発展は連続的かつ漸進的なプロセスであるというとき、その背後には、このような統計的事実があり、彼の言説を支えていたのである。先進国の「ゆとり」と言ってもよい。

だが、イギリスの経済力にはとても及ばない後進の国々にとっては、「経済発展は連続的である」と説くだけでは、いつまでも先進国に追いつくことはできない。シュンペーターの母国はオーストリア＝ハンガリー二重帝国（いわゆるハプスブルク帝国）だったから、決して「小国」とは言えなかったが、イギリスの工業力の前には敵ではなかった。それゆえ、シュンペーターは、世紀末ウィーンで華麗な文化が噴出したように、「企業家」が「銀行家」の資金援助を受けてイノベーション（彼は当初「新結合」と呼んでいたが、のちに英語を使うようになって、innovation と表現するようになった）を遂行することが経済発展の原動力になり、国民生活を飛躍的に向上させるのだと主張するようになったのである。その具体的な内容は第5章にゆずるが、ここでは、シュンペーターが一作目『理論経済学の本質と主要内容』（1908年）の段階から、すでにマーシャル流の「発展」のヴィジョンに対して強く異議を申し立てていることを再確認しておきたい。この点は非常に重要である。*6

「自然は飛躍せず（natura non facit saltum）――この命題を題辞《モットー》としてマーシャル（Marshall）はその著書の冒頭に掲げたが、実際、それはこの著書の特色を適切に表現している。しかし私は彼に反対して、人間の文化の発展、とりわけ知識の発展は、まさに飛躍的に生ずることを主張したい。力強い跳躍と停滞の時期、溢れるばかりの希望と苦い幻滅とが交替し、たとえ新しいものが古いものに基礎を置いていようとも、発展は決して連続的ではない。われわれの科学は如実にこれを示しているのである。」

ドイツ語で書かれたシュンペーターの一作目は、最近では英語でも読めるようになったが、別のところで書いたように、[*7]ドイツ語やフランス語で書かれた名著の英訳はカットや少し誤解を招きかねない改変がある場合がよくあるので、できれば原語で読んだほうがよい。もちろん、英語しか学んだことがない段階なら、最初は日本語で読んでかまわない。

幸い、シュンペーターの著作は戦前から碩学による日本語版が出ていたので、私もそれを読んだ。しかし、ドイツ語の学習が進むにつれて、シュンペーターの書くドイツ語がどのようなものか知りたくて、原典を参照するようになった。私は、第一外国語がドイツ語だった清水先生がフランス語の学習が進んだ段階でオーギュスト・コントの社会学関係の著作を原典で読むようになったのに倣っただけだが、西洋の思想史を専門に研究している人なら一度は経験したに違いない学習方法である。途中で挫折しないように、最初は気になった箇所や章だけでもよい。慣れてくるうちに、他の箇所も読みたくなり、努力を重ねれば全体を通読できるだろう。

さて、シュンペーターは当時の正統派の大物であるマーシャルを批判することによって学界デビューを果たしたわけだが、これは、はじめに書いたように、経済学の歴史において「正統と異端のせめぎ合いのなかからイノベーション」が生まれるという好例だと思う。類似の例は他にもある。ミクロにせよマクロにせよ、経済学の教科書では、すでに出来上がったものとして「需要と供給の均衡」や「有効需要の原理」などを学ぶが、それらが学界に根づくまでには、正統と異端の切磋琢磨を含めて、さまざまな論争や紆余曲折があるのである。本書では、それらを念頭に置きながら、「経済学の学び方」について語っていくことにしよう。

＊1『日本経済新聞』（2017年8月20日電子版）
https://style.nikkei.com/article/DGXMZO19959210U7A810C1000000/　2022年12月3日アクセス
＊2 同前。
＊3 最近では、高校数学から経済数学へと支障なく進めるような配慮が行き届いた案内書が何冊か出ている。学生にそのような本を教えてほしいと尋ねられたときは、尾山大輔・安田洋祐編著『改訂版　経済学で出る数学』（日本評論社、2013年）を勧めている。
＊4 Alfred Marshall, Principles of Economics, 8th edition, preface.1920.
この本はすでにパブリック・ドメインに入っているので、インターネット上で容易に読むことができる。本書で引用するときは、拙訳を掲げる。
https://oll-resources.s3.us-east-2.amazonaws.com/oll3/store/titles/1676/Marshall_0197_Bk.pdf
＊5 アンガス・マディソン『世界経済の成長史　1820～1992年』金森久雄監訳、政治経済研究所訳（東洋経済新報社、2000年）76ページ。
＊6 J・A・シュムペーター『理論経済学の本質と主要内容』上巻、大野忠男・木村健康・安井琢磨訳（岩波文庫、

1983年）52－53ページ。

＊7 拙著『英語原典で読むシュンペーター』（白水社、2021年）参照。

第1章

# 需要と供給の均衡

アルフレッド・マーシャル

「需要と供給の均衡」という考え方は、中学校の公民の教科書にも載っているくらいなので、大部分の人は経済学の基本中の基本として昔から確立していると思い込んでいるようである。もちろん、現代経済学において、「需要と供給の均衡」があらゆる分野に浸透していることは紛れもない事実だが、経済学の歴史をひもとくと、それを経済学の基本中の基本として定着させるのに貢献したのは、有名なケインズの師匠、アルフレッド・マーシャル（1842―1924）であったことがわかる。

まだ自分が知らない新しい名前が出てきたときは、なるべくその経済学者の優れた評伝を読んでみることを勧めたい。経済学の教科書には、偉大な経済学者でも名前がちょっと出てくるだけの場合も少なくないので、評伝を読んでその経済学者がどんな時代に生まれて、どのような仕事を成し遂げたかを知ることは重要である。経済学の勉強にそのような知識は不要と考える理論家はいるかもしれないが、それでは歴史のなかで発展してきた社会科学としての経済学の全体像を見失いかねない。

マーシャルについては、幸いなことに、愛弟子のケインズが評伝を含む優れた追悼論文を書いてくれているので、以下でも、随所にそれを活用することにしたい。*1

マーシャルが、もともと、ケンブリッジ大学のセント・ジョーンズ・カレッジで専攻したのは数学だった（ケンブリッジ大学は、たくさんの「カレッジ」――イギリスでは「コレッジ」と発音するが――があり、学生の募集もカレッジごとにおこなわれる）。卒業後（１８６５年）、ただちに同カレッジの「フェロー」（「特別研究員」と訳されることが多いが、カレッジ所属の学生の教育や自身の研究に従事する重要な地位である）に採用されているので、数学的能力が特に秀でていたことがうかがえる。

そのまま行けば、きわめて有能な数学者として一生を終えることになったかもしれないが、やがて社会問題への関心がマーシャルを経済学へと導くことになった。マーシャルは、繁栄を謳歌しているように見えるヴィクトリア朝のイギリスでも、ロンドンの貧民街には悲惨な生活を強いられている人々がまだまだ残っている事実に衝撃を受け、経済学を一生の仕事にしようと決意したと言われている。マーシャルは、のちに経済学者として大成し、ケンブリッジ大学経済学教授として、世界の経済学界の頂点に昇り詰めるわけだが、ケインズは、経済学を志すに当たって、マーシャルが貧しい労働者たちの生活状況を改善したいという動機をもっていたことに注目し、マーシャルという人間のなかには「説教者」と「科学者」という二つの本性が存在していたことを鋭く指摘している。*2

「説教者としてまた人間の牧者として、彼はほかの同様な人物よりも格別すぐれていたわけではない。しかし科学者としては、彼はその専門の分野において、一〇〇年間を通じて世界中で最も偉大な学者であった。にもかかわらず、彼自身好んで優位を与えようとしたのは、彼の本性の第一の側面であった。この自我こそ主人であり、第二の自我はしもべでなければならぬ、と彼は考えた。第二の自我は知識のために知識を求めた。第一の自我は抽象的な目的を実際的な進歩の必要に従属させた。鷲のような鋭いまなこと天翔ける翼とは、道を説く人の言付けに従うためにしばしば地上に呼び返された。」

このような「説教者」としての側面がときに「科学者」としての側面に勝りがちであったというマーシャルの特徴は、ケンブリッジ学派の実践性重視として、愛弟子のピグーやケインズなどにも継承されていくが、ここでは、その事実を指摘するにとどめたい。まずは、「科学者」としてのマーシャルの偉大さがどこにあったかを解説するほうが優先課題だからである。

## Ⅰ 生産費説vs.限界効用説

マーシャルは、いかにして「需要と供給の均衡」にたどり着いたのか。これを語るには、19世紀後半（とくに、1870年代）に登場した「限界革命」という経済学の大きな変革に触れなければならない。

そもそも、限界革命は価値論における「古典派」（アダム・スミスからデイヴィッド・リカードを経てJ・S・ミルへと受け継がれていくイギリスの正統派経済学）を批判する形で登場してきたが、イギリスでその口火を切ったのは、奇才ウィリアム・スタンリー・ジェヴォンズ（1835―82）だった。ジェヴォンズは、すでに1860年には今日「限界効用」（ある財の消費量を1単位増やしたときの効用の増加分のこと）と呼ばれる概念をつかんでいたが、彼は、これが古典派の価値に関する生産費説を完全に粉砕する新理論につながると堅く信じていた。もっとも、限界効用の概念を思いついたのはジェヴォンズだけではなく、同時代では他にオーストリアのカール・メンガー（1840―1921）と、フランス生まれでスイスで活躍したレオン・ワルラス（1834―1910）を挙げなければならないし、それ以前の先駆者を数えていったらもっと膨れ上がる。

だが、この章では、イギリスでマーシャルが「需要と供給の均衡」を確立していった過程に主に関心があるので、ジェヴォンズに焦点を合わせることにしたい。

ところで、ジェヴォンズが価値に関する古典派の生産費説に反発したというとき、その古典派の学説とは具体的には何を指すのだろうか。ジェヴォンズは、いろいろな機会に「リカード＝ミル」という名前を出しているので、リカードによって理論化されミルに継承された価値論を問題にしていると考えてよいだろう。だが、生産費の意味をよく理解するには、アダム・スミスの価値論のあらましを知っておいたほうがよい。

スミスに始まるイギリス古典派の価値論は、しばしば「投下労働価値説」（商品の価値は、それを生産するために投下された労働量によって決まるという学説）と呼ばれているが、スミスの場合、それで全体が統一されているわけではなかった。彼は、投下労働価値説が適用されるのは、資本《ストック》の蓄積と土地の占有に先立つ「初期未開の社会状態」のみだと考えた。その場合は、確かに、商品Aの生産に投入された労働量が、商品Bの生産に投入された労働量の二倍ならば、商品Aの価値は商品Bの価値の二倍になるだろう。「初期未開の社会状態」では、「投下労働量＝賃金」なので、生産費としては賃金以外のものはないと言い換えてもよい。

ところが、スミスによれば、資本が蓄積され土地が占有されるようになった「文明社会」では、資本の利潤と土地の地代が加わるので、商品の価値は投下労働量とは等しくならず、その商品が市場で購買し支配する労働量によって決定されるという。これが「支配労働価値説」と呼ばれているものである。支配労働量という言い方はわかりにくいかもしれないが、それには賃金に相当する部分を超えて利潤や地代に相当する部分が含まれていると考えればよい。それゆえ、スミスは、文明社会では、「少数の例外を除いて、年生産物の価値は賃金、利潤、地代に分れ、この三つが収入の基本的源泉となる」と述べている。*3

このように、スミスは、利潤と地代を「投下労働量＝賃金」を超える追加価値であると捉えているので、のちに「価値構成論」と呼ばれるようになった。価値構成論とは、まず、賃金、利潤、地代が決まり、それらを合計することによって商品の価値が決まるという考え方を指している（リカードは、この価値構成論を徹底的に批判することになるが、これについては、少し後で触れる）。そして、この価値構成論がスミスによる「自然価格」の定義につながっていく。すなわち、「ある商品の価格が、それを産出し調製し市場に運ぶのに用いられた土地の地代、労働の賃金、資本《ストック》の利潤を、それらの自然率にしたがって支払うのにちょうど過不足のない場合には、その商品は、自然価格ともいうべき価格で売られているのである」と。*4　ここで、「自然率」とは「通常率」とも「平均率」とも呼ばれているが、要するに、価値構成論では、「賃金の平均率＋利潤の平均率＋地代の平均率＝自然価格」ということである。この意味での自然価格は、ほぼ生産費という言葉で言い換えてもよいだろう。

もっとも、自然価格とは別に、市場には「現実の価格」としての「市場価格」があり、それは需給状況によって変動するので、必ずしも自然価格とは一致しない。厳密にいうと、商品の市場価格は、「それが現実に市場にもたらされる数量と、その商品の自然価格、すなわちそれをそこへもたらすのに支払われなければならない地代と賃金と利潤との全価値を支払う意思のある人たちの需要との割合によって規制される」ものである。[*5] スミスは、市場価格が需給状況次第で、自然価格よりも高くなったり低くなったりすることをちゃんと指摘している。

だが、見逃してはならないのは、中心となるのはあくまで自然価格であり、市場価格は労働や資本や土地の自由な移動が可能であれば（「自由な競争がおこなわれるならば」と言い換えてもよい）、たえず自然価格に引き寄せられていく傾向があると捉えられていることである。繰り返すが、自然価格とはほぼ生産費を言い換えたものと言ってよい。この視点は、スミスに始まる古典派の価値論の核心に位置づけられるので、次のスミスの文章を頭に叩き込んでほしい。

「それゆえ、自然価格というのは、いわば中心価格《セントラル・プライス》であって、そこに向けてすべての商品の価格がたえずひきつけられるものなのである。さまざまな偶然の事情が、ときにはこれらの商品価格を中心価格以上に高く釣り上げておくこともあるし、またときにはいくらかその下に押し下げられることもあるだろうが、このような静止と持続の中心におちつくのを妨げる障害がなんであろうと、これらの価格はたえずこの中心に向かって動くのである。」

限界革命の寵児ジェヴォンズが、古典派の価値に関する生産費説というとき、スミス価値論の中心であった自然価格が念頭にあったはずである。スミスの価値論は、リカードやミルにも形を変えて継承されていくが、以下では、古典派価値論のなかで論理的に最も整理されているリカードの価値論を取り上げてみよう。予想されるように、ここでも、価値論の中心が自然価格にあることがわかるだろう。

リカードは、「初期未開の社会状態」と「文明社会」で投下労働価値説と支配労働価値説を使い分けたスミスと違って、どちらの社会でも投下労働価値説が妥当すると主張する。すなわち、商品の価値は、その生産に投下された労働量によって決定される。そして、こうして決まった一定量の大きさの価値が賃金と利潤に分配される、と。これを「価値分解論」と呼んでいる（地代については、リカードは「差額地代論」という別の理論を用意しているのだが、商品の価値の決定にはかかわらないので、ここでは割愛する）。リカードは賃金は生存費で決まると考えたので、穀物の価格が上昇して労働者の生存費が上がれば、賃金の上昇→利潤の減少という図式が成り立つ。[*6]

リカードがスミスの価値構成論を排除したのは、もしそれを認めるならば、穀物価格の上昇→賃金の上昇→他のすべての財の価格の上昇となるので、賃金が上昇したとき利潤がどのような影響を受けるかが不確定になるからである。価値構成論は、主著『経済学および課税の原理』（初版は1817年）の課題を「分配法則の確定」に定めていたリカードにとって不都合な考え方であった。[*7]

さて、ここで、リカードの価値論においても、中心となるのは「自然価格」（リカードはあるところで「生産費」の別名だとも言っているが、投下労働量によって決まる商品の価値は賃金と利潤に分配されるので、生産費としては賃金と利潤が入ることになる）であり、その時々の需給状況によって変動する「市場価格」ではない。そして、自然価格を定義する際、リカードは、スミスが明確に言及しなかった、資本の「均等利潤率」の成立を持ち出している。これもきわめて重要な視点なので、リカードが挙げた具体例を引用する。[*8]

「こう仮定してみよう、——全商品がその自然価格にある。したがって、全部門の資本利潤が正確に同率であるか、あるいは当事者の評価の上で、彼らが保持するか、または放棄する、何らかの実際上または想像上の利点に相当するだけしか違わない、と。今かりに、流行の変化によって絹織物に対する需要が増加し、毛織物に対する需要が減少するとしよう。それらの物の自然価格、すなわちその生産に必要な労働量は、引き続き不変であろうが、しかし絹織物の市場価格は騰貴し、毛織物のそれは下落するであろう。その結果、絹織物製造業者の利潤は一般的な調整された利潤率以上になるが、他方、毛織物製造業者の利潤はそれ以下になるだろう。利潤だけでなく、労働者の賃金も、これらの部門では影響を受けるだろう。だが、絹織物に対することの増加した需要は、資本と労働の毛織物製造業から絹織物製造業への移転によって、間もなく満たされるだろう。そのとき絹織物と毛織物の市場価格は再びその自然価格に接近し、そこでこれらの商品のそれぞれの製造業者によって通常利潤が得られるだろう。」

つまり、すべての商品が自然価格に等しい（すべての生産部門で資本が均等利潤率をかせいでいると言い換えてもよい）状態から出発するとして、あるとき、流行の変化により絹織物に対する需要が毛織物に対する需要よりも増大したとしよう。絹織物の市場価格はその自然価格よりも上昇し、反対に毛織物の市場価格はその自然価格よりも下落するだろう。換言すれば、絹織物の生産部門では資本利潤率は均等利潤率以上になり、反対に毛織物の生産部門では資本利潤率は均等利潤率以下になるだろう。資本家は当然ながら資本を利潤率の低い部門から引き上げ、それを利潤率のより高い部門へと投じようとするだろう。その結果、やがて絹織物の供給は増大し、その市場価格は自然価格まで下落する一方で、毛織物の供給は減少し、その市場価格は自然価格まで上昇するはずである。すなわち、再び、すべての商品は自然価格に等しく、すべての生産部門で資本利潤率が均等になる。それゆえ、リカードは、次のように言っている。[*9]

「そうだとすれば、諸商品の市場価格が、どれほどかの期間、引き続きその自然価格のはるか上にあるか、はるか下にあることを妨げるものは、あらゆる資本家が抱く、その資金を不利な部門から有利な部門へ転じようとする願望なのである。この競争こそが諸商品の交換価値を調整して、その結果、諸商品の生産に必要な労働に対する賃金と、投下資本をその本来の効率状態に置くのに要する他のすべての経費を支払った後に、なお残る価値または余剰が各産業において投下資本の価値に比例するようにするのである。」

再度強調しておくが、スミスにせよリカードにせよ、価値論の中心は自然価格であり、それは生産費と言い換えてもよいものだった。ジェヴォンズがみずからの新理論を提示するに当たって、異常なる対抗心を抱いたのも、このような古典派の生産費説に対してだったのである。

どの分野でも、「革命」と呼ばれるようになる新理論の提唱者は、その独創性を過度に強調しがちである。ジェヴォンズにも、そのような傾向があった。彼は、兄ハーバート宛に頻繁に手紙を書いたが、1860年6月1日付の手紙のなかに、次のような文面が見られる。[*10]

「この前の学期中、私は経済学の研究に多くの時間を投入した。そのおかげで、この数カ月のうちに、幸運にも私が疑いなく真の経済理論と信じているものを発見した。それはきわめて徹底的かつ首尾一貫したものなので、いまでは私は、この学問に関する他の本を読むたびに憤りを感じるほどだ。この理論は原理上まったく数学的なのだが、私が同時に示しているのは、計算のデータが差し当たりどうにもならないほどいかに複雑であるかということである。

　それにもかかわらず、私は、数学的原理から、すべての主要な法則を導き出している。そのような法則は、以前にも経済学者たちが発見していたものだが、ただ一連の定義、公理、および理論を厳密かつ関連をもったものとして配列したことによって、ほとんどまるで多くの幾何学的問題であるかのように見えるはずだ。

　最も重要な公理の一つは、次のようなものである。すなわち、何らかの商品、例えば人間が消費しなければならないふだんの食糧の数量が増加するにつれて、最後に使用された部分から得られる効用または便益はその度合が減少するということである。食事の最初と最後のあいだの満足の減少をこの一例にとることができるだろう。そして私は、平均して、効用比率は商品の数量のある数学的な連続関数であると仮定する。このような効用の法則は、実際、経済学者たちが需要と供給の法則というもっと複雑な形式と名称の下でつねに仮定してきたのだが、いったん単純な形式で明確に提示されれば、この学問の全体を開明するものだ。」

　この文中にある「何らかの商品、例えば人間が消費しなければならないふだんの食糧の数量が増加するにつれて、最後に使用された部分から得られる効用または便益はその度合が減少する」

というのは、いまの教科書では、ある商品の消費量が増えるにつれて、その商品の「限界効用」(marginal utility)が逓減すると説明されるものである。これが「限界効用逓減の法則」である。ジェヴォンズは、限界効用ではなく、「最終効用度」(final degree of utility)という言葉を使っているが、内容は同じである。そして、消費者の効用は、それぞれの商品の限界効用が均等になるように消費を配分したときに最大化される。これが「限界効用均等の法則」である。ジェヴォンズの説明は、このように教科書的ではないが、本質は変わらない。いまの経済学部の学生であれば、簡単な数学を使って、すぐに導き出せるだろう(column **数学と経済学**参照)。

ジェヴォンズは、前に触れたように、1860年の時点で商品の価値は限界効用によって決まると考えていたので、主著『経済学の理論』(初版は1871年)でも、古典派の生産費説は全く誤謬であると切って捨てている。商品の消費から得られる効用(この効用は「総効用」の意味)がその商品の数量の連続関数であるならば、簡単な微分によって限界効用を明確に定義することができる。ジェヴォンズは、『経済学の理論』の第2版(1879年)の序文において、「利己心と功利の力学の追究」という言葉を使っているが、[*11]要するに、経済分析への微分法の導入によって経済理論が刷新され、古典派の生き残りは淘汰されるべきだと考えたわけだ。同じ序文のなかには、ジェヴォンズの古典派(そのなかでも、リカードとミル)に対する異常なる対抗心が顕になっている。[*12]

「ついに真の経済学体系が確立されたときには、有能ではあるが片意地な男、デイヴィッド・リカードが経済科学の車両を誤った路線に入れ換えたことがわかるだろう。ところが、その誤った路線は、同じように有能ではあるが片意地なリカードの賛美者、ジョン・スチュアート・ミルによってさらに推し進められて（学界を）混乱状態に陥れてしまったのだ。なるほどマルサスやシーニョアのように真の学説をはるかによく理解していた経済学者もいたが（もっとも、彼らもリカードの誤謬から免れていないが）、彼らはリカード＝ミル学派の団結と影響力によって学界の外に追い払われてしまった。粉砕された科学の断片を拾い上げ、新たにスタートするには大変な労力が要るだろう。しかし、それは、経済科学の何らかの進歩を見届けたいと願う人々が決して回避してはならない仕事なのである。」

さて、古典派の生産費説は、ある商品を生産するためにかかった費用（労働価値説では、その商品の生産に投じられた労働量）に注目しているという意味で、「供給」サイドの理論であった。これに対して、限界効用説は、ある商品を1単位余分に消費するときの効用の増加分に注目しているという意味で、「需要」サイドの理論であったと言ってよい。

マーシャルは、このような価値論をめぐる生産費説 vs.限界効用説に対して、どのような立場をとることになるのだろうか。

colum1

## 数学と経済学

数学の好きな読者は、この問題は簡単に解けると思うかもしれない。私は、簡単な数学なら使ったほうが明快になるので、むしろそれをすすめたい。ただし、その場合、本文で述べたような論争の背景をしっかり理解するように心がけてほしい。

ある消費者が一定額の予算Iをすべて二つの財に支出して、そこから得られる効用を最大化する問題を考えてみよう。二つの財の消費量をそれぞれ$x_1$と$x_2$、二つの財の価格を$p_1$と$p_2$とおくと、予算制約式は、

$$I = p_1x_1 + p_2x_2$$

となる。この制約のもとで、効用関数$u=u(x_1, x_2)$を最大化するには、ラグランジュの未定乗数を$\lambda$として、ラグランジュ方程式をつくる。

$$L = u(x_1, x_2) + \lambda(I - p_1x_1 - p_2x_2)$$

価格（$p_1, p_2$）は所与なので、上の式を偏微分し、ゼロとおくと、

$$\partial u / \partial x_1 = \lambda p_1,\ \partial u / \partial x_2 = \lambda p_2$$

上の式からλを消去すれば、

$$(\partial u / \partial x_1) / p_1 = (\partial u / \partial x_2) / p_2$$

となる。（$\partial u / \partial x_1$）は財1の限界効用、（$\partial u / \partial x_2$）は財2の限界効用なので、（価格によってウェイト付けられた）限界効用均等の法則を示している。

もっとも、これは数学的には一階の条件を求めただけなので、さらに二階の条件を求めなければならないし、二財の限界効用の比も、ヒックスの『価値と資本』（1939年）以来、二財の「限界代替率」によって置き換えられているのだが、これ以上はミクロ経済学の教科書の繰り返しになるので、自分の数学的嗜好に合った教科書を選び、それを精読することをすすめたい。

## Ⅱ　マーシャルが注目した「時間」

マーシャルは、数学者としてアカデミックなキャリアを歩み始めたので、微積分を使うような経済理論を理解するのに難儀したことはなかったはずである。実際、彼は、イギリスばかりでなく、ヨーロッパ大陸の文献（フォン・チューネンやクルノーのような限界分析の先駆者たち）を丁寧にフォローし、限界革命がどのように進行中かについても注視していた。

マーシャルはイギリス人だったので、当然、ジェヴォンズの著書も読んでいた。彼はジェヴォンズの煌びやかな才能を高く評価した一方で、どうしても同調できないことがあった。それは、ジェヴォンズが、アダム・スミスに始まり、リカードを経てJ・S・ミルへと継承されてきたイギリス古典派経済学の伝統を蔑ろにしていることであった。

マーシャルは古典派の伝統を尊重していたので、限界革命の勃発に直面しても、それを冷静に受けとめることができた。そして、熟慮の末、生産費説と限界効用説は決して「水と油」のようなものではなく、「時間の要素」を明確にすることによって、「需要と供給の均衡」という共通の分析的枠組みのなかに包摂することができるという結論に到達した。

例えば、きわめて短い時間を想定すれば、供給は一定量になるので、価格はほとんど需要サイドの要因によって決まるだろう。お馴染みの需要曲線と供給曲線の図（縦軸に価格、横軸に数量を測った図）を使えば、このケースでは、供給曲線は垂直に描かれるので、商品の価格は需要曲線の形状いかんで決まることになる。ただし、供給曲線がないと数量が確定しないので、需要曲線と供給曲線の交点で価格と数量が決まるという、「需要と供給の均衡」という枠組みは維持される。

マーシャルは、ジェヴォンズが消費者の「需要」に注目して唱えた限界効用説は、このケースのようにきわめて短い時間を想定したときに成り立つ学説だと考えた。

他方、きわめて長い時間を想定すると、供給余力が増えて一定の生産費でいくらでも生産できるようになるだろう。そのケースでは、供給曲線は一定の生産費のところで水平となる。価格はこの生産費で決まるのだが、需要曲線がないと数量が決まらないので、このケースでも、需要曲線と供給曲線の交点で価格と数量が決まるという、「需要と供給の均衡」という枠組みは維持される（colum2 **部分均衡と一般均衡**）。

マーシャルは、古典派が商品の「供給」に注目して唱えた生産費説は、このようにきわめて長い時間を想定したときに成り立つ学説だと考えたのである。

それゆえ、マーシャルは、生産費説と限界効用説は決してお互いに相容れない学説ではなく、「時間の長さを明確にする」ことによって、「需要と供給の均衡」という共通の枠組みのなかに包摂しうると主張したのである。

ケインズは、愛弟子として、この論争をめぐるジェヴォンズとマーシャルの態度を次のように比較論評しているが、この言葉以上に的を射たものはないのではないだろうか。[*13]

「まことに、ジェヴォンズの『経済学理論』は才気に溢れたものだが、せっかちな、不正確で不完全な小冊子《ブロシュール》であって、マーシャルの苦心をこらした、完璧な、極度に良心的な、極度に目立たないやり方とは雲泥の相違がある。それは最終効用、ならびに労働の非効用と生産物の効用とのバランスの観念を印象ぶかく表面に持ち出している。しかし、マーシャルの辛抱づよく絶え間のない骨折りと科学的天才とによって展開された一大作業機械に比べると、それはただ稀薄な、気のきいた思いつきの世界の中の存在にすぎない。ジェヴォンズは釜が沸くのを見て子供のような喜びの叫びをあげた。マーシャルも釜が沸くのを見たが、黙って坐りこんでエンジンを作ったのである。」

ジェヴォンズのリカード＝ミル学派（古典派）に対する敵意のある批判を一蹴したマーシャルは、主著『経済学原理』の価格決定論のなかで、時間の要因に留意しながら、基本的に「市場価格」「短期正常価格」「長期正常価格」の三つを区分している（「長期」を超える「超長期」も出てくるが、これは需給曲線で扱うのは難しいので、通常、三つを取り上げる)。

マーシャルの区分は、供給余力に対応したものである。すなわち、①供給余力がなく一定量の供給しかないときに成立するのが「市場価格」。②数か月から1年という「短期」において、現存の生産設備を操業して供給量を調整できるときに成立するのが「短期正常価格」。そして、③数年という「長期」において、生産設備自体を増加させて供給量を調整できるときに成立するのが「長期正常価格」である。①の供給曲線は垂直、②は通常右上がり、③は典型的には水平となる(右下がりになるとすれば、後述するような「収穫逓増」または「費用逓減」のケースだが、これはマーシャルの部分均衡分析では適切に処理できるのかという問題が生じる)。他方、いずれの場合も、需要曲線は通常右下がりなので、需要曲線と供給曲線の交点において均衡価格と均衡数量が決定されるという論理は変わりがない。かくして、マーシャルは次のように結論づけている。[*14]

「それゆえ、私たちは次のように結論づけてよいだろう。すなわち、一般原則として、考察している期間が短ければ短いほど、価値に対する需要の影響にもっと多くの注意を向けなければならない。しかし、考察している期間が長ければ長いほど、価値に対する生産費の影響がより重要になるだろう。

なぜなら、生産費の変化の影響が現れるのは、原則として、需要の変化の影響よりもより長い時間がかかるからである。現実の価格、すなわち、よく使われる言葉では市場価格は、つねに、持続的に作用する出来事や原因よりも、一時的な出来事や気まぐれで短命の作用しか及ぼさない原因の影響を受けることが多いからだ。

しかし、長期では、これらの一時的で不規則的な原因はお互いの影響を大部分相殺し合うので、結局は、持続的な原因が価値を完全に支配する。しかし、最も持続的な原因でさえ変化しやすい。なぜなら、生産構造全体が世代を通じて形を変え、様々な物の相対的な生産費もつねに変化するからである。」

マーシャルは一流の経済理論家である。世の中に「経済学者」は多いが、経済学の歴史上「理論家」と呼ばれるほどの仕事を成し遂げた者は稀少である。彼が偉大なのは、「需要と供給の均衡」という枠組みを確立したと同時に、その限界も見据えていたことである。次の節でこの問題を取り上げよう。

colum2 **部分均衡と一般均衡**

ミクロ経済学の教科書をひもとくと、マーシャルの需給均衡理論は「部分均衡分析」であると説明されているはずである。これは、ある特定の財を取り上げ、「他の事情にして変わらなければ」という条件のもとで、その財の需要と供給の均衡を分析する手法である。たしかに、マーシャルが主著『経済学原理』のなかで提示したのは部分均衡分析であるというのは誤っていない。

これに対して、レオン・ワルラス（１８３４―１９１０）の需給均衡理論は、すべての財の需要と供給を同時に考察しているという意味で「一般均衡理論」であると説明されている。これも決して間違いではない。ワルラスの時代は、方程式の数と未知数の数を数えて、両者が一致することをもって一般均衡解が存在すると説かれたものだが、20世紀に入って解の存在証明のためにはトポロジー（位相数学）という高等な数学を使わなければならないことが明らかになった。その頂点は、アロー＝ドブリューモデルと呼ばれるものだが、この分野では、日本の数理経済学者たちの貢献も無視できない。その成果については、二階堂副包（１９２３―２００１）の名著『現代経済学の数学的方法――位相数学による分析入門』（岩波書店、１９６０年）を参照してほしい。きわめて数学的に洗練された美しい理論だが、京都大学の伊東光晴ゼミの後輩で行動経済学の大家になった依田高典氏と雑談の折、「崇高だが役に立たない」理論だと評されたことがある。

ところで、マーシャルは、もともと数学者として出発しただけに、主著の数学付録を読む限り、ワルラスの意味での一般均衡理論の思考法を正確につかんでいる。だが、マーシャルは、主著の本文では簡単に図示できる部分均衡分析を採用し、その先には一般均衡理論ではなく動学的なマクロ分配理論があると見通していた。彼は、しばしば、「力学的アナロジー」に基づく需給均衡理論と対比して、「生物学的アナロジー」に基づくマクロ分配理論について語ったものである。後者は「経済生物学」とも呼ばれているが、その実体がどういうものか、主著を読む限りぼんやりとしか浮かんでこないのが難点である。だが、20世紀に入って一時流行した進化経済学の一部の研究者がマーシャルの構想を再評価したことだけは付け加えておきたい。

## III 需給均衡理論の限界

マーシャルの需給均衡理論は、『経済学原理』の第5編「需要、供給および価値の一般的関係」において展開された。中学の公民の教科書にも登場する、右下がりの需要曲線と右上がりの供給曲線（「短期」における価格決定論の典型的なケース）も第5編に初めて出てくる。限界革命後のイギリスで、マーシャルは早世したジェヴォンズを超えて大きな権威をふるうようになったので、『経済学原理』は経済学を学ぶ者にとっての必読書となったのである。わが国の近代経済学の黎明期にワルラス研究から理論経済学に入っていった安井琢磨（1909－95）も、マーシャル『経済学原理』の第5編を熟読したとよく語ったものである。とくに、需給曲線による価格決定の図は、「マーシャリアン・クロス」の名で普及したので、マーシャルといえばあのクロスだというイメージが確立していった。

マーシャルの需給均衡理論は、基本的に「自由競争」を想定したときの価格決定理論と考えてよい（もっとも、主著でも他の著作でも、微妙に自由競争の想定から離れた部分があるが、これはもっとレベルの高いマーシャル研究の課題である）。自由競争は、『経済学原理』第5編には、次のような説明がある。*15

「かくして、私たちの想定は、需要と供給の諸力が自由に作用しているというものである。すなわち、どちらの側の取引者のあいだにも密な結合はないが、各人は自分自身のために行動し、自由競争が十分におこなわれているのである。換言すれば、買い手同士が一般に自由に競争し、同じく売り手同士も自由に競争しているのである。しかし、すべての者は自分自身のために行動しているのだけれども、他の者が何をおこなっているのかを知っているので、一般に他の者が設定しているよりも低い価格を受容したり、より高い価格を支払ったりするのは免れると想定しても許されるだろう。これは、完成財についてもその生産要素についても等しく当てはまると当面は想定される。労働の雇用や資本の借入についても同様である。」

このような自由競争の想定のもと、時間の要因に注意しながら、需給均衡を考察するわけだが、さらにマーシャルの価格決定理論の特徴を挙げると、彼が需要と供給が等しい点が一般に最大の満足を与えるという「最大満足説」に対して二つの留保条件をつけていることである。

第一は、すべての当事者にとって貨幣の限界効用が同一であると仮定しているので、富の不平等を無視していることである。換言すると、ふつうの財であれば、その消費量が増えるにつれて限界効用は逓減していくが、貨幣の場合は、それをいくらもっていても限界効用は逓減しないと仮定していることになる。

だが、もし貨幣の限界効用が裕福な者と貧乏な者とで異なるならばどうなるだろうか。例えば、裕福になればなるほど貨幣の限界効用が小さくなり、逆に貧乏になればなるほど貨幣の限界効用が大きくなるならば、需給均衡点を離れたほうが総満足は増大するかもしれない。例えば、マーシャルは、生産者よりも消費者のほうが裕福であれば、生産を需給均衡点よりも減少させる一方で、消費者よりも生産者のほうが裕福であれば、生産を需給均衡点よりも拡大するほうが総満足は増大するだろうと指摘している。

第二は、「収穫の法則」にかかわる問題である。マーシャルは、ある商品の生産を増大するにつれて、収穫（逆にみると費用）が増大（費用が逓減）することを「収穫逓増」（費用逓減）と呼び、反対に、生産の増大につれて、収穫（逆にみて費用）が逓減（費用が逓増）することを「収穫逓減」（費用逓増）と呼んだ。生産を増大させても、収穫や費用が一定ならば、「収穫一定」（費用一定）となる。

すなわち、ここでマーシャルが指摘しているのは、最大満足説は、その商品の生産が収穫逓増や収穫逓減の法則に従うならば、必ずしも妥当しないということである。その場合、収穫逓減の作用の著しい商品の生産に課税し、その生産量を需給均衡点以下に縮小させ、その租税収入を収穫逓増の作用の著しい商品の生産に補助金として給付することによって、その生産量を需給均衡点以上に拡大させたほうが総満足は増大するかもしれない。

自由競争のもとで成立する需給均衡点が必ずしも最大満足点ではない可能性があるということは、いわゆる「自由放任主義」に対する重要な反論と見なし得る。もっとも、マーシャルは、これをもって政府干渉を大幅に拡大すべきだと主張はしなかった。なぜなら、その前に需要と供給の統計を注意深く吟味するなどまだやるべきことがたくさんあるからだ。それにもかかわらず、愛弟子のケインズが、マーシャルの思想を粗雑な自由放任主義と峻別したのは、全く正当な理解であったと思う。念のために、ケインズの文章を記憶にとどめてほしい。[*16]

「一例をあげれば、アルフレッド・マーシャルのもっとも重要な著作の一部は、私的利益と社会的利益とが必ずしも調和していないような幾つかの事例の解明に向けられていた。それにもかかわらず、もっとも優れた経済学者たちの慎重で教条的でない態度は、個人主義的自由放任こそ彼ら経済学者たちの教えるべきことであり、また、現に彼らの教えていることであるという一般的な見解に抗して、支配的になるまでには到っていない。」

マーシャルは、繰り返し述べてきたように、古典派（ジェヴォンズの言葉では、「リカード＝ミル学派）の権威に挑戦した限界革命の主導者の台頭に直面したが、熟考の末、「時間の要因」を明確にすることによって、両方の学説を「需要と供給の均衡」という共通の枠組みのなかに包摂するという偉業を成し遂げた。彼は、需給均衡理論を普及させたばかりでなく、その限界も正確に認識していたという点で、同時代の他の才能豊かな経済学者たちよりも実に周到であった。

だが、一つだけ、マーシャルも苦労し一応の解決策は見つけたものの、いつかはその隙をつかれそうな問題があった。それは「収穫逓増の下での競争均衡」をどう理解すればよいかにかかわる問題であった。

マーシャルは、工場視察などを通じて、近代工業において大規模生産の経済が強力に作用し、長期的に費用が逓減していく（換言すれば、「収穫逓増」）傾向があることを熟知していた。ここで、マーシャルが『経済学原理』のなかに導入した「内部経済」と「外部経済」の区別に触れておこう。内部経済とは、個々の企業がもっている資源や組織や経営能率から生じる「節約」（＝「経済」）のことである。これに対して、外部経済とは「産業の一般的発展」から生じる「節約」（＝「経済」）のことであり、個々の企業にとっては「外部」の事情に依存している。例えば、鉄道の敷設のような運輸交通手段の発達を思い浮かべればよい。

しかし、もし任意の企業が、さいさきよいスタートを切って内部経済の利益を実現していけば、ゆくゆくはその企業が属する産業の完全独占に到達するだろう。ところが、現実には、そのようなケースはほとんどない。とすれば、近代工業において収穫逓増の傾向が顕著に見られたとしても、それが内部経済というよりは外部経済によってもたらされたものだと考えれば、「収穫逓増の下での競争均衡」が成立し得る。

マーシャルはこうしてこの難問を解決したつもりだった。『経済学原理』の初版を刊行した1890年以降、マーシャルの権威は確固たるものになっていったので、1920年代の中頃まで挑戦を受けることはなかった。イギリスの学界全体が動揺したのは、イタリア出身の経済学者ピエロ・スラッファが、『エコノミック・ジャーナル』誌（1926年12月号）に「競争的条件の下での収穫の法則」と題する論文を発表して、マーシャルの論理の「矛盾」を突いたときである。

スラッファは次のように主張した。マーシャルは、内部経済よりも外部経済を重視することによって、「収穫逓増の下での競争均衡」は成立し得るというが、外部経済の利益は、運輸交通手段の発達のように、一つの産業だけでなく関連の諸産業すべてに及ぶはずである。とすれば、ある特定の産業を他の諸産業から孤立させ、外部経済の利益がその産業のみに及ぶと考えて供給曲線を費用逓減を反映して右下がりに描こうとするのは、部分均衡の枠組みと相容れない、と（colum3　**スラッファのマーシャル批判**）。

だが、自由競争の想定にこだわらないのであれば、収穫逓増の下での何らかの不完全競争モデル（独占モデルはその極限のケースに当たる）を提示することはできるだろう。スラッファのマーシャル批判は、その方向性を示唆しているように理解されたので、まもなくケンブリッジ内外の研究者が不完全競争論の世界に参入していった。その最良の成果は、イギリスではジョーン・ロビンソンの『不完全競争の経済学』（1933年）、アメリカではE・H・チェンバリンの『独占的競争の理論』（1933年）となって現れたが、その詳細については、現代経済思想史の教科書に譲りたい（例えば、拙著『現代経済思想史講義』人文書院、2020年参照）。

ここで強調しておきたいのは、経済学の歴史で何度も繰り返し生じている次のような事実である。その時点で「正統」と見なされる理論に挑戦する「異端」の試みはつねに存在する。その試みが成功し、「異端」であったものが「正統」に取って代わることも稀に生じる。限界効用の発見は、確かに、古典派の生産費説を葬り去るような「革命」だと思われた一時期があった（ジェヴォンズはそう堅く信じていた）。だが、マーシャルは、「正統」と「異端」をみずからの「需要と供給の均衡」という枠組みに包摂し、次の時代の新たな「正統」となった。だが、新たな「正統」も完璧ではあり得ず、いつかはその隙をつくような新しい理論の挑戦を受けるのがつねである。かくして、経済学は進化していくのである。このことを忘れないでほしい。

colum3

## スラッファのマーシャル批判

ピエロ・スラッファ（１８９８―１９８３）は、イタリア出身で、ケインズにその才能を見込まれてケンブリッジ大学トリニティ・カレッジに招かれた経済学者である。私の京都大学での最初の師、菱山泉先生はスラッファ研究の権威者で、スラッファとも直接の交流があった。菱山先生から聞いた話は短い文章では伝えにくいが、ケインズとともに、20世紀のケンブリッジが生んだ天才の一語に尽きる（菱山泉『ケネーからスラッファへ――忘れえぬ経済学者たち』名古屋大学出版会、1990年を参照）。

スラッファのライフワークといえば、『商品による商品の生産』（1960年）を挙げなければならない。この本は、経済体系の「生産方法」（投入産出構造）に焦点を合わせた価格決定論であり、「古典派アプローチ」の復権を説いた傑作であったが、いまだに「異端」の烙印を押されている。むしろ、スラッファが学界全体に影響を及ぼしたのは、マーシャル経済学を批判した1920年代の二つの論文である。

一つは本文で触れた「競争的条件の下での収穫の法則」（1926年）であり、これは、ケインズがフランシス・イシドロ・エッジワース（1845―1926）とともに編集者をつとめていた、イギリスが世界に誇る学術誌『エコノミック・ジャーナル』に載ったことからもわかるように、英語で書かれている。だが、生前の菱山先生は、1925年にイタリア語で書かれた論文「生産費用と生産量の関係について」のほうを重視していた（ピエロ・スラッファ『経済学における古典と近代』菱山泉・田口芳弘訳〔有斐閣、1956年〕所収）。

スラッファは、1926年の論文で不完全競争論への方向性を示唆したけれども、みずからは決してそれに深入りすることはなかった。では、1925年の論文にどんなことが書かれていたかといえば、結論として、マーシャルの部分均衡分析の枠組みと論理的に整合的なのは「費用一定」（収穫一定）の仮定だけであると主張されているのである。古典派の経済学者たちは、暗黙裡にこの仮定を採っていたのである、と。菱山先生が『経済学における古典と近代』の巻末に書いた文章は、世界的にみても、この問題をめぐる最も優れた解説であり、今日でも熟読に値すると思う。

## Ⅳ マーシャルの多面性

マーシャルの需給均衡理論は、今日の初歩的な教科書のなかにも生き残っているので、経済学を学ぶ者にとってはお馴染みの思考法である。だが、この章のはじめにケインズの文章を紹介しながら触れたように、「科学者」というよりは「説教者」としてのマーシャルの側面や、彼が異なる経済思想に対して寛容であったことも知っておいたほうがよい（もちろん、彼がすべての経済思想に対して等しく寛容であったという意味ではない）。

ケインズがマーシャルの言説のなかに「お説教」に近いものを感じたとすれば、マーシャルが経済学研究の比較的後期に発表した「経済騎士道の社会的可能性」（１９０７年）がそれに当たるのではないだろうか。

誰しも若い頃は「理想」に惹かれるものだ。現代日本でも、以前は社会主義の理想に殉じ「革命」を夢見たほどの人が、運動から足を洗ったあと、頑固な保守主義者になった例はいくらでもある。19世紀後半、若い頃のマーシャルも、社会主義者たちの「社会福祉に対する骨の折れる私心のない献身」を深く尊敬していた。社会主義の諸文献（マルクス主義やF・ラサールなど）も広く読んでいる。では、なぜマーシャルは社会主義を奉じることができなかったのか。彼は、経済理論の分野でジェヴォンズの新理論に飛びつかなかったのと同じように、現にある「自由企業体制」（当時は「資本主義」とほぼ同じ意味でよく使われていた）を打倒して、一足飛びに社会主義の理想を実現するには何かが足りないと慎重に見極めていたのである。足りない何かこそ、「経済騎士道」の精神に他ならない。

経済騎士道とは、簡単にいえば、企業家が事業に成功して蓄積した富を全部自分のものとせず、すすんで公益のために提供するような生活態度のことだが、残念ながら、この精神はまだ企業家全体に浸透しているとは言えない。それゆえ、マーシャルは、「過去において人間が自然を支配する力は、事業の方法やその応用によって得られたのであるが、もしも、人類がこれまでに達成してきたよりもさらに高い経済騎士道の水準に向上する前に、自由企業が廃止されるならば、そうした方法や応用の改善が、ほどほどの活力を維持することさえできなくなるであろう。自由企業体制の世界は、経済騎士道が発展するまでは、最高の理想には程遠いものであろう。しかし、経済騎士道が発展するまでは、集産主義の方向への大きな歩みを進めることはどれも、我々の現在のゆるやかな進歩を維持することに対してさえ、重大な脅威となる」と(「集産主義」という言葉が当時はよく出てくるが、これはほぼ「社会主義」と置き換えてもよい)。[*17]

マーシャルは基本的に自由企業体制のヴァイタリティを高く評価した自由主義者だったが、最大満足説に対して二つの留保条件を加えたことからも予想されるように、各人が市場経済において利己心だけに突き動かされて行動するならばすべてうまくいくという意味での通俗的な自由放任主義を決して容認しなかった。確かに、自由企業体制には多くの欠陥がある。しかし、それらの欠陥を一歩一歩矯正していくと同時に、経済騎士道の精神が社会全体に浸透するならば、いずれは、社会主義体制を選ばずとも、その理想の大部分が実現されていくだろう。マーシャルは、そう考えたからこそ、社会主義への移行によって一気に問題を解決させるという道を選ばなかったのである。

マーシャルは、1885年、ケンブリッジ大学経済学教授に就任し、1908年に引退するまで、A・C・ピグー、J・M・ケインズ、D・H・ロバートソンと続くきわめて有能な研究集団を育て上げ、いわゆる「ケンブリッジ学派」の創設者となった。

彼の主著『経済学原理』の理論的核心は第5編の需給均衡理論にあると言ってよいが、その本全体をよく読んでみると、彼が経済の制度や歴史などにも十分に配慮し、理論だけに偏らない工夫をこらしていることがわかるだろう。古典派の権威が限界革命によって動揺した頃、イギリスにもヨーロッパ大陸のドイツ歴史学派やオーギュスト・コントに始まる「総合社会学」の影響を受けた人々の発言が目立つようになっていた。だが、マーシャルの主著の登場によって、彼らの影響力は弱まり、学界の混乱も収まっていった。それはやはりマーシャルが複眼的なものの見方を重視したからに違いない。

1885年におこなわれた教授就任講演「経済学の現状」において、マーシャルは、抽象的思考が勝り、歴史や制度などを軽視しがちであった前世代のリカード学派の極端は回避しつつも、歴史や制度などの知識からだけではよき経済学は生まれないことを繰り返し主張している。彼は次のように言っている。*18

「経済学者は事実に対して貪欲でなければならないが、単なる事実だけで満足してはならない。歴史学派の偉大な思想家たちに対しては限りない感謝を捧げなければならないが、過去が現在の問題に直接投げかけるといわれる光明に対しては、懐疑的でなければならない。経済学者は原因が単独で、または結合されて作用する仕方を学ぶために、事実をよく調べ、経済理論の原則《オルガノン》を構築するためにこの知識を適用し、社会問題の経済的側面を処理するためにこの論理を援用するという、より骨の折れる計画をしっかりと固持しなければならない。彼は事実の光に照らして研究をするが、その光とは直接投げかけられるものではなく、科学によって反射され凝縮されたものである。」

ドイツ歴史学派から、マーシャルの『経済学原理』の初版に対して、予想外に反発が生じなかった理由はこの辺にあると思われる。マーシャルの深謀遠慮である。愛弟子のケインズは、師匠を実によく観察していた。彼がマーシャルの追悼論文のなかで経済学者の要件について書いた有名な文章がある。以前から、私は、これはケインズ自身によりよく当てはまるのではないかと思ってきたのだが、いまでは、やはり彼の師匠に対する率直な思いを吐露したものだと再認識している。*19

「別な見地からすると、彼の本性の多面性は純然たる強みであった。経済学の研究には、なんらかの人並外れて高次な専門的資質が必要とされるようには見えない。それは知的見地から言って、哲学や純粋科学などのより高級な部門に比べると、はなはだ平易な学科ではあるまいか。それなのにすぐれた経済学者、いな有能な経済学者すら、類いまれな存在なのである。平易で、しかもこれに抜きんでた人のきわめて乏しい学科！　こういうパラドックスの説明は、おそらく、経済学の大家はもろもろの資質のまれなる組合わせを持ち合わせていなければならない、ということのうちに見出されるであろう。そういう人はいくつかの違った方面で高い水準に達しており、めったには一緒には見られない才能をかね具えていなければならない。彼はある程度まで、数学者で、歴史家で、政治家で、哲学者でなければならない。彼は記号も分かるし、言葉も話さなければならない。彼は普遍的な見地から特殊を考察し、抽象と具体とを同じ思考の動きの中で取り扱わなければならない。彼は未来の目的のために、過去に照らして現在を研究しなければならない。人間の性質や制度のどんな部分も、まったく彼の関心の外にあってはならない。彼はその気構えにおいて目的意識に富むと同時に公平無私でなければならず、芸術家のように超然として清廉、しかも時には政治家のように世俗に接近していなければならない。こうした理想的な多面性の多くを、そのすべてではないが、マーシャルは具えていた。しかし主として、彼の雑多な訓練と分裂した本性が、経済学者として必要な資質の最も不可欠で基本的なものを彼に与えた。——彼は歴史家としても数学者としても異彩を放ち、特殊と普遍、一時的なものと永遠なものとを同時に取り扱うことができた。」

＊1 この追悼論文は、当初、イギリスの権威ある経済学専門誌『エコノミック・ジャーナル』（1924年9月号）に掲載されたが、いまでは、『ケインズ全集 第10巻 人物評伝』大野忠男訳（東洋経済新報社、1980年）で読むことができる。この評伝には、いくつかの誤りがあることが専門家によって指摘されているが、愛弟子がマーシャルの人物と業績をどのように見ていたかを知るには第一級の文献である。

＊2『ケインズ全集 第10巻 人物評伝』大野忠男訳（東洋経済新報社、1980年）232ページ。

＊3 アダム・スミス『国富論』Ⅰ、大河内一男監訳（中公文庫、1978年）87ページ。

＊4 同前、94－95ページ。

＊5 同前、96ページ。

＊6 リカードは、投下労働価値説を提示したあとで、それを修正する必要があるケース（固定資本と流動資本の構成の違い、固定資本の耐久度の違い、流動資本の回収期間の違いなど）を挙げているが、本書の段階では、本文で説明した通りの理解でよいだろう。

＊7 リカードの主著は、第2版（1819年）の日本語版が利用できるが、第3版で改訂された主要な部分も追加の上、訳出されているので便利である。『経済学および課税の原理』羽鳥卓也・吉澤芳樹訳、上・下（岩波文庫、1987年）

＊8 リカード『経済学および課税の原理』上巻、前掲、133ページ。

＊9 同前、133ページ。

＊10 ジェヴォンズの著作物もすでにパブリック・ドメインに入っているので、手紙や著作も次のウェブサイトから拙訳を掲げる。傍点は引用者による。
http://oll.libertyfund.org/people/william-stanley-jevons

＊11 同前。
＊12 同前。
＊13『ケインズ全集 第10巻 人物評伝』、前掲、247ページ。傍点は引用者。
＊14 マーシャルの『経済学原理』もすでにパブリック・ドメインに入っているので、以下から拙訳を掲げる。
http://oll.libertyfund.org/titles/marshall-principles-of-economics-8th-ed
＊15 同前。
＊16『ケインズ全集 第9巻 説得論集』宮崎義一訳（東洋経済新報社、1981年）337ページ。引用は、「自由放任の終焉（1926年）」から。
＊17 アルフレッド・マーシャル『マーシャル クールヘッド&ウォームハート』伊藤宣広訳（ミネルヴァ書房、2014年）149ページ。引用は、「経済騎士道の社会的可能性」（1907年）から。
＊18 アルフレッド・マーシャル『マーシャル クールヘッド&ウォームハート』、前掲、31ページ。引用は、「経済学の現状」（1885年）から。
＊19『ケインズ全集 第10巻 人物評伝』、前掲、232－233ページ。

第2章

# 「見えざる手」の独り歩き

アダム・スミス

アダム・スミス（1723―90）は、いまだに誤解されやすい経済学者である。いや、正確には「道徳哲学者」というべきだろうが、この本では、主に経済思想を扱っているので、慣例通り「経済学者」と呼ぶことにしたい。

第一章で取り上げたマーシャルは、古典派経済学の基礎をつくったスミスの学識を深く尊敬していた。彼が限界革命に際しても古典派の伝統を簡単に捨てなかったのはそのためである。だが、今日でもスミス理解を難しくしているのは、彼の思想が「見えざる手」というキーワードのみをもって自由放任主義を正当化するために利用されているからである。アメリカや日本で広く使われている経済学教科書でも、「スミス」「見えざる手」「自由放任」がセットのように解説されているので、スミスを原典で読む機会がほとんどない現在の経済学部生には、それが真実のように思えるだろう[*1]。

スミスの時代は経済学の黎明期に当たる。いまだ何が経済学の「正統」であるかも明確にわからなかったと言ってもよいが、彼の経済思想が目の前にあったイギリスの重商主義体制に挑戦する形で形成されたことは間違いない。もっとも、スミスが言及している「重商主義」は一つの理論体系というよりは重商主義的諸政策のひとかたまりと言ったほうが正確かもしれないので、以下では、重商主義それ自体を体系的に扱うわけではないことをあらかじめことわっておく[*2]。

## Ⅰ 「公平な観察者」と「共感」

アダム・スミス論は数え切れないほど多いが、ほとんどは学者や研究者によるものである。2018年、イギリス保守党の国会議員、ジェシー・ノーマンが書いたアダム・スミス論（原題は、*Adam Smith: What He Thought, and Why it Matters* である）は例外だが、いまではその日本語版があるので、一般の読者も容易に読むことができる。[*3] 著者のノーマン氏は、ユニヴァーシティ・カレッジ・ロンドン（UCL）で哲学の博士号を取得したというから、知性のレベルは日本のふつうの政治家よりもかなり高い。もちろん、経済学の博士号をもっているわけではないので、経済思想を扱った箇所では誤解も散見されるが、私は全体的に良書と判断し、ある新聞に好意的な書評を書いた（colum1　**ジェシー・ノーマンのアダム・スミス論**）。

ノーマン氏のスミス論でとくに関心をひくのは、スミスが「利己心」が原動力となる市場経済と並行して、比較的小規模の集団における「贈答」「互恵」「ボランティア」などによって特徴づけられる「まなざしの経済」（economy of regard）が存在しているという指摘である。[*4] 「まなざし」は「配慮」または「顧慮」くらいの意味の意訳だろうが（ノーマン氏は、この言葉をオックスフォード大学教授のアヴナー・オファから借りたと言っている）、勘のよい読者ならすぐ気づくように、

「まなざし」という言葉が、スミスが『道徳感情論』（初版は１７５９年、１７９０年の第６版まで版を重ねた）のなかで導入した「公平な観察者」（impartial spectator）という言葉を彷彿させるからである。実際、ノーマン氏は、次のように述べている。[*5]

「この言葉は、行動を観察し冷静に評価する中立な観察者の目を思い出させる。同時に、スミスのどちらの著作（『国富論』と『道徳感情論』のこと――引用者）でも強調された利己心(self-regard)の対語にもなっている。市場には信頼する個人同士の直接的な取引と、知らない（が知ることは通常可能な）相手との機械的な取引の両方がある。後者は市場の規範に対する一般的な信頼と人間の利己心に依存する。だがこのほかに、市場を介さないまなざしのやりとりがあるのだ。これを成り立たせているのは、愛されたい、愛すべき人でありたいという人間が生まれながらにして持っている欲求である。この両方の特徴を備えたやりとりは日々無数に行われているのである。」

もっとも、ノーマン氏が「まなざし」と呼んでいるものが、比較的小規模の集団にしか関係がないと解釈しているとすれば多少の留保が必要かもしれない。というのは、スミスが『道徳感情論』のなかで考察したのは、個人が「利己心」に突き動かされて行動したとしても、社会的に秩序が成り立つのはなぜかという問題であり、そこで個人の行動に一定の抑制を効かせるのが、「公平な観察者」による「共感」(sympathy) だからだ。とはいえ、イギリスの国会議員が「スミス＝自由放任主義者」という紋切り型のプロパガンダに異議を唱える本を書くということは、あちらでもそのような誤解が残存しているという事情を物語るものだろう。

スミスは、今日では、『国富論』(初版はアメリカ独立宣言の年、1776年に出版された)によって「経済学」(当時は、Political Economy と呼ばれた。この訳語は、「政治経済学」よりも「経世済民」の学としての「経済学」のほうが望ましい)を誕生させた偉人として評価されるのがふつうだが、生前の彼がヨーロッパ中に知られるようになったのは、「道徳哲学」(moral philosophy) の分野での著作、『道徳感情論』を通じてであり、彼も亡くなる年(1790年)までその本の改訂に力を入れるなど、みずからを道徳哲学者として認識していたはずである。

スミスはスコットランド出身で、グラスゴウとその周辺の地域がイングランドとの合同以降、経済的に繁栄し、自由で進歩的な雰囲気を創り出したときに花開いた「スコットランド啓蒙思想」(商業社会における人間性と道徳のあり方について思索を巡らせた) に連なる思想家の一人だった (ほかに名前を挙げると、スミスの師であったフランシス・ハチスン、デイヴィッド・ヒューム、ウィリアム・ロバートソンなど)。

ところが、のちにスミスの『国富論』があまりに有名になったがゆえに、道徳哲学者としてのスミス像が一般の読者に対して霞んでいった事実がある。とくに、『国富論』のなかのワンフレーズ、「見えざる手」は、個人が「利己心」に突き動かされてどんな勝手な行動をとっても全体として最良の結果が生まれるという、実に粗雑な自由放任主義を生み出す源になった。ビジネスの世界で、企業家が「利潤最大化」だけを目指して行動していれば、自然と「社会的厚生」は最大になる状態が達成されるのだ、と言わんばかりであった。

このような誤解は、スミスが生涯を通じて道徳哲学者であり、『国富論』とて彼の道徳哲学体系の一部に過ぎないという経済学史家にとっての「常識」をきちんと教えることによって避けることができると思う。『道徳感情論』を読むのに、特別の専門知識は要らないので、「公平な観察者」と「共感」という基本概念を原典に忠実に見ていきたい。

スミスは、『道徳感情論』においても、決して「利己心」は否定していない。だが、その本の冒頭は、どんなに利己的な人間でも他人のことを全く気にかけない者はいないという趣旨の文章から始まっている。*6

「人間というものをどれほど利己的とみなすとしても、なおその生まれ持った性質の中には他の人のことを心に懸けずにはいられない何らかの働きがあり、他人の幸福を目にする快さ以外に何も得るものがなくとも、その人たちの幸福を自分にとってなくてはならないと感じさせる。他人の不幸を目にしたり、状況を生々しく聞き知ったりしたときに感じる憐憫や同情も、同じ種類のものである。他人が悲しんでいるとこちらもつい悲しくなるのは、じつにあたりまえのことだから、何を挙げて説明するまでもあるまい。悲しみは、人間に生来備わっている他の情念同様、けっして気高い人や情け深い人だけが抱くものではない。こうした人たちはとりわけ鋭く感じとるのかもしれないが、社会の掟をことごとく犯すような極悪人であっても、悲しみとまったく無縁ということはない。」

私たちは例えば他人の苦しみを直接体験することはできないが、「想像力」を働かせ他人の境遇に身を置くことによって、他人の苦しみを感受性に応じて思い描くことはできるだろう。だが、スミスは、他人が苦しんだり悲しみに落ち込んでいたりしたとき、彼らがそうなってしまった「境遇」を知らなければ、その心の中に入って行き難いという。もっともなことだ。

では、どのようなとき、私たちは他人とのあいだに「共感」が成り立つのだろうか。一口に「共感」といっても、ごく親しい者同士に成立するものと、見知らぬもの同士に成立するものとでは、内実が異なるだろう。スミスは、人間がより多くの他者とのあいだに「共感」を介して結びつく場合、自分の感情をある程度「自己抑制」しなければならないと説いている。なぜなら、人間は親しく付き合いのあるごく少人数のあいだにいるときよりも、見知らぬ人の多い大きな社会のなかにいるときのほうが、自分の感情をより多く抑制できなければ社会の調和を保てないからである。そして、スミスが「公平な観察者」や「中立な観察者」と呼ぶ者を持ち出してくるのは、この文脈においてなのだ。スミスは次のように言っている。*7

「……はた迷惑も考えず溜め息をついたり、泣いたり、ぐずぐずと嘆いたりしてこちらの同情を誘おうとするおおげさな愁嘆場を見ると、私たちはうんざりする。だが毅然と抑制された無言の悲しみには敬意を抱く。そうした悲しみは、泣きはらした目、震える唇や頬、そして控えめだが心を打たずにはおれない物静かなふるまいの中にだけ、表れる。このような悲しみを前にすると、私たちは気圧され沈黙する。

同様に、傲慢で凶暴な怒りを抑えも堪《こら》えもせず荒れ狂うにまかせている様子ほど、いやなものはない。逆にどれほどひどい危害を加えられても、怒りを気高く寛容な程度にとどめるなら、讃嘆の的になる。このような人は被害者の胸に燃え上がりがちな憤怒に身を委ねず、中立な観察者が自ずと抱く義憤によって加害者への追及を抑制するのだし、中立な観察者の感情が許す以上に怒りを表すような言動はけっしてしない。またたとえ想像の中であっても、無関係な人が好ましく思う以上の復讐を企てるとか刑罰を望むといったこともない。」

以上でもスミスの考えは十分に理解できるだろうが、スミスは、それほど宗教心が篤いとは言えなかったにもかかわらず、キリスト教まで持ち出して次のように畳みかけている。[*8]

「このように、他人のことには深く心を動かし自分のことにはほとんど動かさないこと、利己心を抑え博愛心を発揮することこそが人間本性の完成にほかならない。このことだけが人々の間に感情と情念の調和をもたらし、礼節に適った適切なふるまいを成り立たせる。「汝のごとく汝の隣人を愛せよ」とはキリスト教の偉大な教えであるが、隣人を愛す以上に自分を愛してはならない、あるいは同じことだが、隣人が愛せる以上に自分を愛してはならないというのは、自然が定める偉大な教えと言えよう。」

「公平な観察者」による「共感」は、各人に利己心の働きを許しながらも社会的に秩序が成立するのはなぜかを解明する鍵となるという意味で、スミス道徳哲学の核心である。スミスは、のちに『国富論』のなかで「自由競争」の大切さを強調することになるが、その場合の「自由競争」も、「利己心」に突き動かされて儲けるためなら何でもやってよいという意味では決してなく、「公平な観察者」が「共感」できない、例えば詐欺や談合などによって一儲けするような行為はいっさい排除されていると理解するべきである。この点で、『道徳感情論』と『国富論』のあいだに溝はない。というよりも、スミスのグラスゴウ大学での道徳哲学講義は、「自然神学」「倫理学」「法学」「経済学」の四部門から構成される壮大な体系なのであった。[*9]『道徳感情論』のなかに出てくる次の一節は、『国富論』の「自由競争」にも受け継がれる市民社会のルールについて語っているという意味で、熟読に値するものである。[*10]

「富や名誉や出世を巡る競争では、競争相手を追い抜くために力をふりしぼって走り、あらゆる神経を研ぎすまし、あらゆる筋肉を使ってよい。だが競争相手の誰かを突き飛ばしたり、押し倒したりすれば、観察者はすっかり愛想を尽かす。それはフェアプレーの精神に悖《もと》る行為であり、とうてい容認できないからだ。観察者にしてみれば、妨害された側はいかなる点でも妨害した側と同じ人間なのだから、これほど他人をないがしろにして自分を優先する利己心には感情移入できないし、危害を加えた動機にも同調できない。そこで妨害された人の自然な復讐心にすぐさま共感し、加害者は憎悪と義憤の対象になる。加害者本人もそのことに気づき、誰もが自分に憎しみと怒りをぶつけてくることを感じとる。」

column

## ジェシー・ノーマンのアダム・スミス論

（書評：ジェシー・ノーマン『アダム・スミス　共感の経済学』村井章子訳、早川書房、２０２２年）

アダム・スミスについての著書はいまでも数多く出版されているが、本書はその中でも出色の出来である。

古典や哲学に造詣の深い著者は、自由放任主義者や市場原理主義者の元祖のように語られているスミス像には強く異議を唱えているが、その際に『国富論』や『道徳感情論』ばかりでなく、それ以前の修辞学講義や法学講義などのノート類も咀嚼したうえで、彼は人間の行動の広い領域をカバーする「人間の科学」を構想したのだと主張している。確かにスミスは市場を損得だけで問題を考えたことはなく、それが「法律」「制度」「規範」「アイデンティティ」などに支えられていることをつねに考慮していた。

評者がとくに注目したのは、スミスが、利己心と並んで、「贈答」「互恵」「ボランティア」などに代表される「まなざしの経済」（この言葉自体は、アヴナー・オファによる）を重視していたという指摘である。「まなざしの経済」は、『道徳感情論』に出てくる「中立的な観察者」（他人の行動を冷静かつ公平に評価する者）を彷彿させる。つまり、市場の損得勘定ばかりでなく、信頼する個人間のまなざしのやりとりがなければ社会秩序が崩壊すると見抜いていたというのだ。著者は、フィードバックが瞬時に返ってくるインターネットの時代でも、この「まなざしの経済」は生きていると主張している。

著者は経済学者ではないが、現代経済学でスミスがどれほど誤解されてきたか（いまだに「見えざる手」を自由放任主義の推奨と誤解している）についても熟知しており、スミスの啓蒙書を書く人でも読んでいないような文献にもちゃんと目を通している。細部ではもちろん異論もあるが、評者は、これを現役の国会議員が書いたという事実に感銘を受けた。イギリスで古典や哲学の修練を受けた人の知性は決して侮れない。スミスの生涯、思想、現代的評価など、バランスよく書かれた本書を一読すれば、読者は、必ず自分の知らないスミス像に出会うことができるはずだ。（『東京新聞』２０２２年2月27日読書面掲載）

## Ⅱ　経済学の草創期

スミスは、２０２３年が生誕３００年に当たるので、各地で記念の講演会やシンポジウムが企画されているかもしれない。それくらい、「経済学の父」としてのスミスの名声はきわめて高い。もちろん、創設者と呼ばれている人にもふつうは先駆者が何人かおり、その影響が重要である場合もあり得るが、ここでは、スミスが重商主義的諸政策に対して厳しい姿勢をとっていたことから、先駆者としては、フランスで同じようにコルベール主義（フランスの重商主義）と対決し、のちに「重農主義」（「自然の支配」を意味する「フィジオクラシー」の訳語として日本で定着）を説くようになるフランソワ・ケネーのみを取り上げたい。

実際、スミスはケネーを深く尊敬しており、バックルー公の家庭教師としてフランスに滞在していたときに、ケネーにも会っている。[*11]『国富論』のなかでも、スミスは重商主義をこき下ろす一方で、ケネーの重農主義には一定の留保をつけながらも惜しみない賛辞を捧げている。

ケネーは、農業のみが「純生産物」（生産物の売上価値から必要経費を控除した余剰）を生み出すという意味で「生産的」であり、『経済表』（1758年）という一つの表の上に一国のものと貨幣がどのように循環して再生産を維持するかを独自のジグザグで表現したが、これは経済学の草創期を飾る天才の作品であると言っても過言ではない。

私の京都大学での最初の師、菱山泉先生は、すでに60年以上も前に、『重農学説と「経済表」の研究』（有信堂、1962年）と題する著作のなかで、『経済表』の経済学史上の意義を詳述しているが、先生のお宅で談話しているときも、「あれはケネーの天才が成し遂げた偉業である」とうかがったことがある。菱山先生は、後年、『ケネーからスラッファへ——忘れえぬ経済学者たち』（名古屋大学出版会、1990年）と題する著作のなかで、ケネーとスラッファをつなぐ視点として、経済体系の客観的な再生産の条件を明確にしたことを挙げている。ケネー前後にも才能あふれる経済学の先駆者はいるだろうが、『経済表』の偉業の前には影が薄く見える。京都大学でのもう一人の師、伊東光晴先生も、「夜空の星にたとえると、ケネー、スミス、リカード、マルクス、マーシャル、ケインズは、ひときわ輝いて見える星なのだ」という趣旨のことを私に語ったことがある。そう語っていた先生の歳に達したいまの私も、同じ見解をもつようになった。

もっとも、スミスは、農業だけが「生産的」であるというのはケネーの謬見であり、製造業も同様に「生産的」であると考えたが（ただし、スミスも、サービス業は「不生産的」であると見なしている。わかりやすく言えば、農業や工業のようにものづくりに関係しているものが「生産的」なのである）、ケネーが従来の経済論議のレベルを超えて、経済学の真理に近づいた天才であるとスミスが考えていたことは、次の文章からも十分にうかがえる。*12

「けれども、この学説は、不完全であるにもかかわらず、おそらく、これまでに政治経済学の問題について発表されたもののうちで、もっとも真理にせまったものであり、またそれゆえに、このきわめて重要な科学の諸原理を細心に検討しようとするすべての人々の考慮に十分値するものである。土地で使用される労働が唯一の生産的労働だとする点で、この学説が説き勧《すす》める見解は、多分に偏狭で局限されすぎてはいるけれども、しかし、諸国民の富が、貨幣という消費できない富から成るものではなくて、その社会の労働によって年々再生産される、消費できる財から成るとする点で、また、完全な自由こそ、この年々の再生産を可及的に最大限にするための唯一の効果的な方策だと主張する点で、この理論はどこからみても寛大で自由であるとともに、正当だと思われる。」

スミスは、少なくとも、重商主義的諸政策を推し進める為政者が「富」を「貴金属」と同一視し、ひたすら貿易差額を稼ぐことばかりを考えていたことを痛烈に批判しようとしている点において、ケネーと共通基盤に立っていた。『国富論』の冒頭には次のような言葉が出てくるが、これはまさに『国富論』が重商主義的な「富」の概念を否定し、今日の言葉で「消費財」と呼ばれるものが豊富であることが「豊かさ」の意味なのだと宣言するものであった。[*13]

「国民の年々の労働は、その国民が年々消費する生活の必需品と便益品のすべてを本来的に供給する源であって、この必需品と便益品は、つねに、労働の直接の生産物であるか、またはその生産物によって他の国民から購入したものである。」

ここに出てくる「生活の必需品と便益品」が「消費財」に当たる。「富」をそのように捉えるとすれば、国民を豊かにするには、一人当たりの消費財を増大させることを考えなければならない。スミスによれば、それは、「労働の生産力」と、「労働人口に占める生産的労働の割合」に依存する。第二の「生産的労働」が農業や工業に雇用される労働だということはすでに触れたので、第一の「労働の生産力」に的を絞ろう。

これも今日では有名だが、労働の生産力を飛躍的に向上させるものとして、スミスが注目したのは「分業」であった。分業といっても、工場内の「技術的分業」（スミスは、ピン製造のさまざまな工程の例を挙げている）と「社会的分業」（職業の分化）があるが、『国富論』では両者が明確に区別されていない。

スミスは、分業が生産力向上に寄与する理由を三つ挙げている。[*14] すなわち、「個々の職人すべての技能の増進」、「ある種の仕事から他の仕事へと移る場合にふつう失われる時間の節約」、そして「労働を促進し、短縮し、しかも一人で多くの人の仕事がやれるようなさまざまな機械の発明」の三つである。

スミスは、分業が十分に発達した文明社会を「商業的社会」（commercial society）と呼んでいる。「このようにして、だれでも、交換することによって生活し、いいかえると、ある程度商人となり、そして社会そのものも、まさしく商業的社会とよべるようなものに成長するのである」と。[*15] スミスは、「資本主義」という言葉は使わなかったが（というよりも、「資本主義」という言葉自体が、その当時にはまだ出来上がっていない）、「商業的社会」は、事実上、今日の私たちが「資本主義」と呼んでいる経済体制の原型と言ってもよいだろう。第1章で古典派の価値論を説明したとき、スミスの「文明社会」では、「労働者」「資本家」「地主」という三つの経済主体が登場していたことを思い出してほしい。

スミスの価値論では、自由競争が広く行き渡っているならば、「市場価格」（需要と供給の関係で絶えず変動する価格）が「自然価格」（賃金の自然率＋利潤の自然率＋地代の自然率）に収斂していくという意味で、自然価格こそが「中心価格」に位置づけられていた。そして、リカードほど明確ではないものの、スミスにおいても、「資本の可動性」が有効に働くのが「競争」であり、その競争は各生産部門で「均等利潤率」が成立するまで続くという視点があった。それゆえ、自然価格とは、均等利潤率が成立したときの価格と言い換えてもよい。「資本」が主導権をもつからこそ「資本主義」なのだが、このような視点がスミスにあるということは再認識する必要がある（colum2 **重力の中心としての自然価格**）。

スミスが「独占精神」に対してきわめて厳しい態度をとったのも、それが「資本の可動性」を阻害または停止させ、自由競争が広く行き渡ることを不可能にするからだった。『国富論』をひもとくと、至るところでスミスの独占批判にぶつかるが、以下には、有名な文章を引用しておこう。[*16]

「個人なり商事会社なりに与えられる独占は、商業や製造業の秘密と同じ効果をもつものである。独占者たちは、市場をいつも供給不足《ストック》にしておくことによって、すなわち有効需要を十分に満たさないことによって、自分たちの商品を自然価格よりずっと高く売り、かれらの利得を、それが賃金であれ利潤であれ、その自然率以上に大きく引き上げようとするのである。

……

同業組合《コーポレーション》の排他的な特権や徒弟条例、その他特定の職業において、競争を少数の者に制限し、そうでなければそこに参加できる者を締めだすようなすべての法律は、程度は劣るが、右と同じ傾向をもっている。それらは一種の拡大された独占であって、しばしば数世代にわたって、いくつかの職業の全部門をつうじて、特定の商品の市場価格を自然価格以上に維持し、それらに用いられる労働の賃金と資本《ストック》の利潤との双方を、自然率よりいくらか高く維持するものなのである。

市場価格のこのような高値維持は、それをひきおこす行政上の諸法規があるかぎりつづくことであろう。」

さて、『国富論』の初版が出版された1776年は、イギリスでは産業革命の夜明けの時期に当たっており、まだ「生産的労働」を雇用するための資本の蓄積が十分ではなかった。それゆえ、スミスは、「節約」を奨励し、それが資本の蓄積へと回ることを期待した。「節約は、生産的労働者の維持にあてられる基金を増加させることによって、その労働が投下される対象の価値を増加させる労働者の数をふやすものである。したがって節約は、その国の土地と労働の年々の生産物の交換価値を増加させる傾向がある。それは、勤労の追加量を活動させ、その追加量が年々の生産物に追加的価値を与えるのである」と。[*17]

現代経済学を学んだ読者は、ひたすら「節約」に励んで資本を蓄積したとしても、商品の「販路」が隘路になって新たな問題が生じるのではないかと考えるかもしれないが、スミスの時代は、産業革命の夜明けに当たっていたので、新規投資の可能性はいくらでもあり、「節約」を通じる資本の蓄積がそのまま生産的投資に回っていくルートを考えればわかりやすいだろう。

ケインズの用語を使えば、いくら「節約」して資本蓄積に励んでも問題が起こらないのは、いわゆる「セイの（販路）法則」（供給はそれみずからの需要を創り出す）が仮定されているからだということになるが、この問題については、第4章でケインズを取り上げるときに考察しよう。（ただし、古典派の時代でも、資本蓄積の行き過ぎが「一般的過剰生産」をもたらすという問題意識をもったトーマス・ロバート・マルサス（1766—1834）の例があったことは記憶にとどめてほしい。古典派体系の完成者といってもよいリカードは、「公理」のごとくセイの販路法則を仮定していたが、マルサスはそれに疑問を呈したわけである。）

では、スミスは、「節約」を通じて資本の蓄積に回った基金は、どの部門に、どのような順序で投じられる（投じられるべきか）と考えていたのだろうか。これを論じたのが、「富裕」に至る「資本投下の自然的順序」である。

スミスは、「節約」によって蓄積された資本は、資本の安全度とどれだけ生産的労働を雇用できるかという割合に応じて、「農業→製造業→外国貿易」という順序で投じられるのが自然であると考えていた。資本の安全度は国外よりは国内のほうが安全であることは言うまでもないし、生産的労働もケネーの重視した農業プラス製造業だったから、スミスにとっての順序づけは単純明快であったかもしれない。彼は次のように述べている。[*18]

「それゆえ、事物自然の成り行きとして、およそ発展しつつあるすべての社会の資本の大部分は、まず第一に農業に、ついで製造業に、そしていちばん最後に外国貿易に投下される。事物のこの順序は、まったく当然のことであるから、いやしくも領土をもつすべての社会においては、程度の差こそあれ、つねに見受けられてきたことだ、と私は信じている。どこかにちょっとした都市ができるとすれば、それに先立って、多少の土地が耕作されていなければなるまいし、またかれらが外国貿易をやろうと思えば、それ以前に、これらの都市で製造加工業のなかの粗工業くらいは営まれていなければなるまい。」

ところが、この「資本投下の自然的順序」を人為的に逆転させたのが重商主義的諸政策（生活の必需品や便益品ではなく、貿易差額を稼ぎやすい奢侈品を取り扱う外国貿易を偏重した）であり、それゆえ、スミスは『国富論』全体を通じてそれらに対して厳しい批判を展開したのである。スミスは、続けて次のように言っている。*[19]

「もっとも、この事物自然の順序は、領土を有する社会であればどこでも、ある程度は起ったにちがいないのだが、ヨーロッパのすべての近代国家においては、この自然の順序が多くの点でまったく逆転されてきている。都市のあるものでは、その外国貿易が、高級品製造業つまり遠隔地向けの販売に適した製造業を導入し、そして製造業と外国貿易とがあいたずさえて、農業の主要な改良を生ぜしめたのである。これらの国のそもそも最初の統治の性質に由来し、かつその統治が根本的に変化をとげてしまった後にまでも残った生活の仕方や慣習が、必然的にこれら諸国に、この不自然で逆行的な順序を余儀なくさせたのである。」

スミスの「資本投下の自然的順序」を正確に理解することは、いわゆる「見えざる手」をめぐる誤解を解く鍵にもなる。現代経済学の入門書では、「見えざる手」を市場において需要と供給を調整する「価格」のバロメーター機能と同一視し、政府の余計な干渉がなくとも、それを頼っていればすべての市場で需要と供給が一致するようになると説かれる。そして、それがスミスが「見えざる手」という表現でいわゆる自由放任主義を主張したゆえんである、と。

だが、「見えざる手」という言葉が『国富論』に登場するのは、「資本投下の自然的順序」を歪曲し、「富裕」に至る自然的進歩を逆転させてきた重商主義的諸政策の批判にあてられた第4編「経済学の諸体系について」においてなのである。資本を投下するのは、端的にいって、資本家の仕事である。彼らは、政府の役人にいちいち指示されなくても、おのれの利益がどこにあるか誰よりも知っている。彼らの目的は最大の利潤をあげることなので、少ない利潤しか得られない生産部門から資本を引き上げ、それをより高い利潤を稼ぐことができる生産部門へと投じようとするだろう。そのような資本家間の「競争」の行き着く先が、前にも説明したように、「均等利潤率」が成立した状態だが、スミスの「見えざる手」はこの意味での競争過程において働いているのである。もちろん、この意味での「見えざる手」が有効に働くには、自由競争が貫徹していなければならないし、資本家も市民社会のルールから逸脱するような不正な行為はいっさいしてはならない。

スミスが「富裕」に至る「資本投下の自然的順序」という場合、以上のことが含意されていたのである。それを念頭において、「見えざる手」という言葉が出てくるスミスの文章を読んでほしい。[*20]

「ところが、すべての社会も、年々の収入は、その社会の勤労活動の年々の全生産物の交換価値と、つねに正確に等しい、いやむしろ、この交換価値とまさに同一物なのである。それゆえ、各個人は、かれの資本を自国内の勤労活動の維持に用い、かつその勤労活動をば、生産物が最大の価値をもつような方向にもってゆこうとできるだけ努力するから、だれもが必然的に、社会の年々の収入をできるだけ大きくしようと骨を折ることになるわけなのである。もちろん、かれは、普通、社会公共の利益を増進しようなどと意図しているわけでもないし、また、自分が社会の利益をどれだけ増進しているのかも知っているわけではない。外国の産業よりも国内の産業を維持するのは、ただ自分自身の安全を思ってのことである。そして、生産物が最大の価値をもつように産業を運営するのは、自分自身の利益のためなのである。だが、こうすることによって、かれは、他の多くの場合と同じく、この場合にも、見えざる手に導かれて、自分では意図してもいなかった一目的を促進することになる。かれがこの目的をまったく意図していなかったということは、その社会にとって、かれがこれを意図していた場合に比べて、かならずしも悪いことではない。社会の利益を増進しようと思い込んでいる場合よりも、自分自身の利益を追求するほうが、はるかに有効に社会の利益を増進することがしばしばある。社会のためにやるのだと称して商売をしている徒輩が、社会の福祉を真に増進したというような話は、いまだかつて聞いたことがない。もっとも、こうしたもったいぶった態度は、商人のあいだでは通例あまり見られないから、かれらを説得して、それをやめさせるのは、べつに骨の折れることではない。」

この部分は、都合のよいところだけ切り取られて、個人の利益の追求がそのまま社会全体の利益につながることを主張する自由放任主義者によってしばしば引用されるのだが、「見えざる手」をそのように解釈することは、これまでに述べてきたように、明らかな誤りであると言ってよい。

colum2

## 重力の中心としての自然価格

ロシア経済思想史の研究で学位を取得し、京都大学や甲南大学で教えた田中真晴（1925―2000）という経済学史家がいた。私も生前お世話になったが、あるとき、スミスの話になったとき、「結局、われわれが住んでいる社会が資本主義だということを初めて教えてくれたのはスミスである」という趣旨のことをポツリと漏らしていた。田中先生は、晩年、自由主義の経済思想に傾斜していったが、かつてマルクスやロシア経済思想史を学んだ学者の言葉だけに重みがある。また、師であった菱山先生からは、古典派と限界革命以後の新古典派では、そもそも、競争概念が異なっているのだという視点を学んだ。私のスミス理解も、両先生と直接間接に接したことから影響を受けていると思う。

外国の学者で、スミスの価値論のなかに、新古典派とは異なる「競争」を見出し、それがピエロ・スラッファの『商品による商品の生産』（1960年）に繋がっていくことを強調したのは、ケンブリッジのジョン・イートウェルだろう。後者は、価格が「需要と供給の均衡」ではなく、自由競争が支配するところでは、経済体系の「生産方法」によって均等利潤率が成立するところに決まるという「古典派アプローチ」を現代に復権させようとした重要な試みだが、いまだに、主流派には正当に評価されていない（「自由競争」以外の競争形態にも、モデルの一部修正で適用可能である）。何度も経済学史専攻の大学院生には一読をすすめてきたが、イートウェルの「競争」と題する論文に出てくる次の文章をよく理解してほしい。

「理論は、現実から支配的かつ持続的と思われる諸力を抽出し、これらの要素を一つの形式的な体系へと作り上げることによって前進する。そして、その体系の解法は、考察中の諸変数の状態または大きさを決定することである。明らかに、その解答は、まぐれ当たりを除いて、任意の時点で支配している諸変数の現実の大きさには対応しないだろう。なぜなら、現実の大きさは、単に『支配的かつ持続的』という見出しで集められた諸要素のみではなく、その分析から（一般的意義を欠いた）一時的、特殊な、または特定のものとして排除された他の諸力の大きさの結果でもあり、それらは、任意の与えられた状況において、大なり小なり、強力な効果を及ぼすものだからである。それにもかかわらず、分析の実践は、理論を構成する諸力は支配的であり、かつ決定された大きさは、平均して、確立される傾向があるという仮定を必然的に具体化している。満足な分析的図式においては、これらの大きさは、考察中の現象の本質的な性質を掴んだ重力の中心でなければならない。」(John Eatwell, Competition, in *Classical and Marxian Political Economy*, edited by Ian Bradley and Michael Howard, 1982, p.211)

## III 理想としての「自然的自由の制度」

スミスは決して自由放任主義者ではなかった。だが、彼がイギリス古典派経済学における経済的自由主義の流れを創ったことは確かであり、それゆえ、自由放任主義とは違う、スミスの自由主義とは何かについて見ていく必要がある。

高校の政治経済の教科書でスミスが自由放任主義者として紹介されやすいのは、スミスが「自然的自由の制度」のもとでの政府（「国家」「主権者」と言っても同じと考えてよい）の最低限の義務を三つ挙げているのを根拠にしているのだろう。スミスは次のように言っている。[*21]

「自然的自由の制度によれば、主権者が配慮すべき義務はわずかに三つである。これら三つの義務は、きわめて重要ではあるけれども平明なものであって、普通の理解力があるほどの人なら、だれにでも十分にわかるはずのものである。その第一は、自分の国を他の独立社会の暴力と侵略にたいして防衛する義務である。第二は、社会の成員ひとりひとりを、他の成員の不正や抑圧から、できるかぎり保護する義務、つまり、厳正な司法行政を確立する義務である。そして第三は、ある種の公共土木事業を起し、公共施設をつくり、そしてこれらを維持する義務であって、それらを実施することは、いかなる個人にも、あるいは少人数の個人が集まってみても、とうてい採算のとれるものではない。なぜなら、これらはしばしば一大社会にとってこそ、その出費を償ったうえ、おおいに余りあるものだが、いかなる個人にとっても、あるいは少人数の個人の集団にとっても、そこからあがる利益では、かれらの出費をとうてい償うことはできないからである。」

これは、確かに、スミスが政府の最低限の義務として挙げた三つの内容である。だが、もしそれが「国防」「司法行政」「公共事業」の三つだけ政府が引き受ければ、すぐにでも「自然的自由の制度」を確立・維持することができるという解釈に結びつくならば、それほどスミスは単純ではないと反論せざるを得ない。

ポイントとなるのは、「自然的自由の制度」がすでにある、あるいは確立しているという前提でものを考えてはならないということである。『国富論』が出版された当時は、すでに触れたように、独占や規制や重商主義的諸政策がたくさん残存していた。スミスは基本的に自由競争や自由貿易支持の立場から、それに反撃を加えたのだが、それがすんなりと成功して「自然的自由の制度」が出来上がるとは決して考えていなかった。「自然的自由の制度」は、あくまで「理想」であり、そこに近づくには様々な社会改革を着実に進める必要があった。自由競争と自由貿易は、それらの象徴というべきものであり、スミスの「自由」への要求が「現状追認」ではなく社会の「改革」と結びついていたことを理解しなければ、スミスを俗説のように「自由放任主義者」と誤解してしまう可能性がある。

しかも、留意すべきは、現実をよく知っていたスミスが、それは茨の道であることを十分に理解していたことである。彼は次のように言っている。[*22]

「もっとも、自由貿易が将来大ブリテンに完全に回復されることを期待するのは、この国にオシアナあるいはユートピアが将来建設されるのを期待するような夢想に近い。社会一般の偏見だけでなく、それよりもいっそう克服しがたい多数の個人の私的利害が、とうてい抵抗できないくらいに強力に反対するからである。陸軍の将校たちは、兵員削減にたいしては熱心に一致結束して反対するものだが、製造業者たちは、よりいっそうの熱意と一致結束をもって、国内市場で競争者の数を増す恐れのあるいっさいの法律に反対している。兵員削減の提案者たちを暴力と不法行為をもって攻撃するために、将校たちが兵卒を煽動するのと同じく、製造業者たちが、いっそうはげしく自分の職人たちを煽動して、製造業者たちがわれわれ国民にたいして獲得している独占権を多少とも削り取ろうと企てるような法規の提案者を、暴力と不法行為で攻撃させるような危険な状態になっている。この独占は、製造業者のうちのある特定層を激増させたので、過大な常備軍のごとく、政府にとってあなどりがたいものとなり、立法府を威《い》嚇《かく》することもしばしばである。この独占を強化するためのあらゆる提案を支持する国会議員は、実業界を理解するという名声を得るだけでなく、その数と富のおかげでいまや非常に重きをなしている一階級の人々から、たいへんな人気と信用を得ることは確かである。だが、これとは逆に、もしある議員がかれらに反対するならば、そしてさらに、かれらを圧服しうるほどの権威をもっている場合には、かれが世間周知の誠実な人物であっても、また最高の身分のものであっても、社会にたいして最大の貢献をしているものでも、不名誉きわまる罵詈誹謗《ばりひぼう》を受け、人身攻撃を受けることになるのであり、ときには、怒り狂い、失望した独占主義者たちの無体《むたい》な暴力によって、身の危険さえも受けることになるのである。」

スミスは、いわゆる「リアルポリティックス」をよく知っていた現実主義者なのである。いきなり「自然的自由の制度」の理想を語っても、現実には、多くの障害にぶつかってしまう。そこで、彼がとった戦略は「漸進主義」と言ってよいものだろう。例えば、スミスは、保護貿易からいきなり自由貿易に移行しようとしても、それによって不利益を被る人たちに何らかの配慮をしなければ必ず挫折すると考えていた。俗説とは違って、スミスはラディカルな自由貿易主義者なのではなく、重商主義的諸政策を徐々に取り除きながら理想に近づこうとする道を説いている。この辺は誤解が多いので、もう少し彼の言うことを聞いてほしい。[*23]

「大製造業者の企業家は、国内市場がとつぜん外国人の競争にさらされて、そのために自分の事業を放棄せざるをえなくなれば、確かに大損害をこうむることになろう。かれの資本のうち、これまで原料の購入と労働者への支払にいつも用いられていた部分は、たぶん、たいした困難もなく別の用途を見いだすだろう。しかし、作業場や専門の用具に固定されている部分の資本は、処分すれば大きな損失をともなうにちがいない。したがって、かれの利害に公平な考慮を払うならば、この種の変更はけっして急激に行なうべきではなく、徐々に、漸進的に、しかも、よほど前から予告をした後に導入されるべきなのである。立法府が、局部的な利害からうるさく迫られて動くのではなく、いつも公益という広い観点からものごとを熟慮すべきであるとするならば、しからば、この種のいかなる新独占も設けないよう、そして、既存の独占をこれ以上拡大しないよう、とくに意を用いるべきである。このような規制はすべて、国家の基本制度に大なり小なり実質的な混乱を持ち込むものであって、後日これを救治しようとすれば、さらに別の混乱をひき起すことになろう。」

このような現実主義者のスミスの思想が歪められて、政府は民間の経済活動への干渉をただちにすべて撤廃せよという自由放任主義として喧伝されるようになったのは、経済学史上のパラドックスの一つである（colum3 **資本家に意外に厳しかったスミス**参照）。

スミスは、何度もいうように、「自然的自由の制度」は一つの理想であり、公益を損なうと判断される場合にはそれが制限されることもあり得る例をいくつか挙げている。例えば、小額の銀行券の発行を自由化すると、資金力の劣る銀行家がしばしば破産に陥るようになり、公益を損なう恐れがあるという理由で、それに反対の意見を表明している。スミスがここで言っていることも重要なので、読み飛ばさないでほしい。[*24]

「次のようにいう人がいるかもしれない。すなわち、私人たちは銀行業者の約束手形を、金額の如何を問わずよろこんで受領しようとするのに、これを抑制するとか、あるいはまた銀行業者の仲間すべてが、これらの手形を引き受ける意思があるのに、銀行業者にたいしてこのような手形を発行するのを抑制するとかというのは、自然的自由の明白な冒瀆《ぼうとく》であって、この自由を侵害しないでこれを支持することこそ、法律の本来の職分である、と。疑いもなくこのような規制は、ある点では自然的自由の侵害とみなすこともできよう。しかし、少数の人の自然的自由の行使は、もし、それが全社会の安全をおびやかすおそれがあるなら、最も自由な政府であっても、最も専制的な政府の場合と同じように、政府の法律によって抑制されるし、また抑制されるべきものなのである。火災が広がるのを防ぐために隔壁を作るのを義務づけることも一つの自然的自由の侵害であって、それはここで提案されている銀行業の規制とまさしく同じ種類の侵害なのである。」

スミスは、換言すれば、優れたバランス感覚の持ち主であり、決して教条主義的な自由放任を支持してはいなかったのである。漸進的な社会改革を通じて「自然的自由の制度」という理想を追い求めることは諦めなかったが、行手には様々な障害や困難があることを見抜いていた。『国富論』の冒頭に、重商主義的な「富」の概念に対して「宣戦布告」ともいうべき一文を書いたとき、彼はすでに「自由」というものが絶え間ない努力を通じて獲得できるものだと認識していたのである。そのことを見誤ると、俗説のように、「見えざる手」＝「自由放任主義」（≒「市場原理主義」）というような誤解に陥ってしまう。

私は、スミスが説いた漸進的な社会改革の路線は、J・S・ミルを通じてA・マーシャルへ、さらにマーシャルからA・C・ピグーやJ・M・ケインズへ（もっと言えば、ケインズから現代のポール・A・サムエルソンにまで）と受け継がれていったと解釈している。そして、それこそがまさに、経済学の本流なのである。

colum3

## 資本家に意外に厳しかったスミス

アダム・スミスは、どこの国でも資本家や経営者のあいだで人気が高いが、どうも『国富論』のなかの特定の部分のみを拾い読みしただけで、民間企業の経済活動の「自由」や「規制緩和」などを謳っているという偏った理解をしているように思われてならない。

スミスの『国富論』を実際に読むと、意外に、製造業者や商人たち（「資本家」と言ってもよい）に対してかなり厳しい意見をあちこちで発見することができる。例えば、彼らが高賃金の悪影響ばかりについて不平を言っていることを次のように諫めている。[*25]

「わが商人たちや製造業者たちは、高い賃金が価格を引き上げる点で悪効果をもたらし、そのために自分たちの財貨の売行きが国の内外で減ってくる、と不平を鳴らしているが、しかもかれらは、高い利潤の悪効果については、黙して語らないのである。かれらは、自分たちの利得の有害な効果については沈黙を守り、ただ、他人の利得についてだけ不平をいうのである。」


つまり、労働者よりも資本家のほうが「独占精神」に侵されており、自然率以上に利潤を増やそうといつも考えているという批判である。

さらに、スミスは、彼らの活動が必ずしも「公共の利益」を増進しているとはいえないという、これまた厳しい評価も下している。[*26]

「市場を拡大しかつ競争を制限することは、つねに商人たちの利益である。市場を拡大することは、公共社会の利益と十分に一致することがしばしばあるが、競争を制限することは、つねに公共社会の利益に反するにちがいないし、またそれは、商人たちが、自然の率以上に利潤を引き上げることによって、自分たちの利益のために、他の同胞市民から不合理な税を取り立てるのに役立つだけである。商業上のなにか新しい法律か規制について、この階級から出てくる提案は、つねに大いに警戒して聞くべきである。また、その提案を採用するにあたっては、最も周到な注意ばかりか、最も疑いぶかい注意をもはらって、長く念入りに検討しなければならない。こうした提案は、その利害が公共社会の利害とけっして正確には一致しない人々、しかも一般に公共社会をあざむき、抑圧さえすることを利益としている人々、したがって、これまで多くの場合に社会をあざむきもし抑圧もしてきた人々、そのような階級から出てくるものなのである。」

スミスは、本文で述べたように、私たちがいま「資本主義」と呼んでいる経済社会が「資本」の可動性を中心に動いていく体制であると看破したが、資本家はややもすると「独占精神」に毒されやすい傾向をもっており、それを回避するためには、「自由競争」を原則にするような絶え間ない努力が必要だと考えていたのである。

＊1 スミスの優れた解説書は、文庫や新書に限っただけでも、水田洋『アダム・スミス――自由主義とは何か』（講談社学術文庫、1997年）、高島善哉『アダム・スミス』（岩波新書、1968年）、堂目卓生『アダム・スミス――『道徳感情論』と『国富論』の世界』（中公新書、2008年）などがあるが、これらはすべて「スミス＝自由放任主義者」という俗説を否定している。それにもかかわらず、経済学教科書や高等学校の政治経済の教科書などは、いまだに俗説にとらわれている。
＊2 この時代の経済学研究としては、竹本洋『経済学体系の創成――ジェイムズ・ステュアート研究』（名古屋大学出版会、1995年）が優れている。
＊3 ジェシー・ノーマン『アダム・スミス　共感の経済学』村井章子訳（早川書房、2022年）
＊4 同前、375ページ。
＊5 同前、376-377ページ。
＊6 アダム・スミス『道徳感情論』村井章子・北川知子訳（日経BPクラシックス、2014年）57-58ページ。
＊7 同前、89-90ページ。
＊8 同前、90ページ。
＊9 デュゴールド・ステュアート『アダム・スミスの生涯と著作』福鎌忠恕訳（御茶の水書房、1984年）11-12ページ参照。
＊10 アダム・スミス『道徳感情論』、前掲、216-217ページ。
＊11 スミスの伝記としては、I・S・ロス『アダム・スミス伝』篠原久ほか訳（シュプリンガー・フェアラーク東京、2000年）が詳しい。
＊12 アダム・スミス『国富論Ⅱ』大河内一男監訳（中公文庫、1978年）497-498ページ。

＊13　アダム・スミス『国富論Ⅰ』大河内一男監訳（中公文庫、１９７８年）1ページ。
＊14　同前、15-16ページ。
＊15　同前、39ページ。
＊16　同前、１０４ページ。
＊17　同前、５２９ページ。
＊18　アダム・スミス『国富論Ⅱ』大河内一男監訳（中公文庫、１９７８年）10ページ。
＊19　同前、10ページ。
＊20　同前、１１９-１２２ページ。傍点は引用者による。
＊21　同前、５１１-５１２ページ。
＊22　同前、１４６-１４８ページ。
＊23　同前、１４８-１４９ページ。傍点は引用者による。
＊24　アダム・スミス『国富論Ⅰ』、前掲、５０５ページ。傍点は引用者による。
＊25　同前、１６４ページ。
＊26　同前、４０６ページ。

第3章

# 資本主義の「歴史相対性」を学ぶ

ジョン・スチュアート・ミル

ジョン・スチュアート・ミル（1806―73）は、狭い意味での「経済学者」というよりは、19世紀が生んだ偉大な教養人というべきかもしれない。経済学の歴史をひもといても、彼ほど多方面の分野できわめて高い学識をもっていた人は少ない。文章も格調の高いものであった。

わが国でかつてミルが過小評価された理由の一つは、マルクス経済学が隆盛を極めた一時代があり、カール・マルクス（1818―83）が「ブルジョア経済学者」の代表としてミルを標的にしていたからである。現在でも、マルクスの『資本論』は何種類も日本語版が出ているが、ミルの『経済学原理』のそれは品切れになって久しく復刊もされないし新訳も出ない（私は、ミル再評価のためには、碩学による新訳を望みたいと何度か書いてきた）。

もう一つは、ミルの関心が経済学以外のあまりに広範囲（哲学、政治、社会、法律、等々）に及んでいるがゆえに、ミルの経済学への関心度が相対的に小さくなったことである。しかも、ミルは控えめな性格で、自分の成し遂げた仕事を外に向けて誇らしげに語るようなことは決してしなかった。現代の経済学者が、アカデミックな階段を登る過程で、みずからのオリジナリティを必要以上に強調し過ぎているのとはきわめて対照的である。

それゆえ、この章では、狭い意味での経済理論に限定されない、スケールの大きい教養人としてのミルの特徴に留意しながら書き進めることにしたい。

## I 『自由論』と『自伝』

ミルについてこれから学ぼうとする人たちに対しては、私は、ミル自身が書いた『自由論』(初版は1859年)と『自伝』(1873年)の二冊を読むように勧めている。この二冊を読んだだけでも、ミルが「経済学者」の範疇に収まり切らないスケールの大きな教養人だということがわかるからである。

『自由論』の原書は、かつて旧制高等学校の英語の教科書によく採用されたくらいだから、本来、日本のインテリには馴染みのある本であった。彼の英文は、いまの高校生には多少難しいので、そこに到達するにはまだ修練が要るだろう。しかし、大学生なら読めるべきであると私は思っている(経済英文の読み方については、拙著『英語原典で読む経済学史』〔白水社、2018年〕を参照のこと)。『自由論』は下手な要約を許さない名著なので、学生時代に一度は手にとってほしい。以下では、私がとくに留意しているいくつかのポイントに絞って紹介していきたい。

第一は、言論の自由が保障されるには、各人が自分の誤りに気づいたとき、それを素直に改めることの重要性が強調されていることである。本来の意味での「君子は豹変す」と言えようか。

「すなわち、人間は自分の誤りを自分で改めることができる。知的で道徳的な存在である人間の、すべての美点の源泉がそこにある」と。[*1]

自分の判断力の誤りを認めることができるというのは、言い換えれば、他人の意見や判断をよく聞く耳をもっていることでもある。逆にいえば、そのような謙虚な態度を失ったとき、自分の意見や判断以外のものをすべて排除する独善主義に陥る。ミルは誰よりもそのことを知っていたのだ。[*2]

「その人の判断がほんとうに信頼できる場合、その人はどうやってそのようになれたのだろうか。

それは、自分の意見や行動にたいする批判を、つねに虚心に受けとめてきたからである。どんな反対意見にも耳を傾け、正しいと思われる部分はできるだけ受け入れ、誤っている部分についてはどこが誤りなのかを自分でも考え、できればほかの人にも説明することを習慣としてきたからである。ひとつのテーマでも、それを完全に理解するためには、さまざまに異なる意見をすべて聞き、ものの見え方をあらゆる観点から調べつくすという方法しかないと感じてきたからである。じっさい、これ以外の方法で英知を獲得した賢人はいないし、知性の性質からいっても、人間はこれ以外の方法では賢くなれない。」

ある時代に世の中の大多数によって支持されている見解をもっている人が、それ以外の見解を指して「異端」だとか「危険」だとか何らかのレッテルを貼って排除したらどうなるだろうか。ミルは、そのようなときこそまさに、社会の寛容度が弱まり、個人の自由が危険にさらされているのだと考えている。その人が権力者であればなおのことそうだ。ミルは次のように言っている。[*3]

「人が、ある意見について、それは間違っているばかりでなく、有害なものだと——いや、有害であるばかりでなく、（私としてはあまり使いたくない表現だが）不道徳で不敬であると、強く確信しているとしよう。そのとき、彼が自分の個人的な判断にしたがって、その意見に自己弁護の機会さえ与えないとすれば、彼はその国その時代の一般常識に支えられているにせよ、やはり自分は間違っているはずがないとの想定に立っているのである。

この想定は、問題とされている意見が不道徳な、あるいは不敬な意見であれば、反対しにくくなったり、危険性が少なくなったりするものではない。それどころか、何にもましてそういう場合にこそ、自分たちは間違っているはずがないという想定がきわめて有害なものとなる。後世のひとびとを驚かせ恐怖させるようなたいへんな誤りを、ある時代のひとびとが犯してしまうのは、まさにそういう場合なのである。」

具体例は歴史のなかにいくらでも見出すことができるだろう。ミルもいろいろな例を知っているが、読者に自分の主張を印象づけるために、大昔、キリストを迫害したのはその時代では「悪人」どころか「善人」と見なされていた人たちであると言っている。

ミルによれば、「世間の評価」を気にする人たちが自分の意見をはっきり表明するのを控えるようになることも、法律と同じくらい威力を発揮するという。自分の意見を心に秘めて世間の大多数のそれに合わせようとするという光景は、代議政治や民主主義の伝統のない国はもちろんのこと、それらが早くから登場していたミルの時代のイギリスでも見られた。だが、ミルは、そのような態度が自由を次第に蝕んでいくと考える。それゆえ、彼は、みずからの「良心と理性」に恥じないような高いレベルのモラルを求めている。[*4]

「自分の知性がどんな結論に達しようと、とにかく最後まで自分で考え抜く、それが思想家の第一の義務である。そのことを認めない者は、けっして偉大な思想家にはなりえない。自分の頭で考えず、世間にあわせているだけの人の正しい意見よりも、ちゃんと研究し準備をして、自分の頭で考え抜いた人の間違った意見のほうが、真理への貢献度は大きい。

思想の自由は、ただ単に、あるいは主として、偉大な思想家を生み出すために必要なだけではない。普通の人間を可能なかぎり精神的に成長させる、そのためにも必要である。いや、むしろ、そのためにこそ必要なのである。」

ミルは幼い頃から大変な勉強家で、ギリシャ、ローマの時代から彼が生きていた時代のヨーロッパ中のあらゆる学問に精通していた。彼は、若くして、イギリスでジェレミ・ベンサム（1748－1832）の功利主義を叩き込まれ、いわゆる「哲学的急進派」（自由財産権の保障を基礎に自由で平等な社会を創ることを目指した一派）の論客としてデビューしたが、1821年冬に訪れた「精神的危機」に一時苦しみながらも、それを克服してからは、積極的にイギリスの土壌にはなかったドイツのロマン主義やフランスのサン＝シモン主義などを学び、政治や経済などの制度の「歴史相対性」を受け容れるようになった。

この点はのちにも触れるが、そのような思想遍歴を経たミルが、ある時代に大多数によって「真理」と見なされていることも決して絶対的なものではなく、時間とともにそれが少しずつ修正されて改善されていくと強調していることに留意したい。「進歩というのは、真理が積み重なっていくことであるはずなのに、たいていの場合、部分的で不完全な真理が、別のやはり部分的で不完全な真理に置き換わるだけなのだ。そして、改善というのも、主として、新しい真理の断片が、以前のものより求める声が大きく、時代のニーズに合うので、以前のものと入れ替わることを指す[*5]」と。

このような考え方の延長線上に、民主制のもとでも少数意見を尊重すべきであり、それを忘れると「多数派の専制」という新たな問題が生じうるという主張がある（column 変わり者のすすめ）。これは、19世紀後半の著作でありながら、現代にも通用するミルの鋭い洞察である。この件《くだり》も熟読に値する。*6

「さらにまた、人民の意志というのは、じっさいには人民のもっとも多数の部分の意志、あるいは、もっともアクティブな部分の意志を意味する。多数派とは、自分たちを多数派として認めさせることに成功したひとびとである。それゆえに、人民は人民の一部分を抑圧したいと欲するかもしれないので、それにたいする警戒が、ほかのあらゆる権力乱用への警戒と同様に、やはり必要なのである。したがって、権力の保持者が定期的に社会に、すなわち社会内の最強のグループに説明責任をはたすようになっても、個人にたいする政府の権力を制限することは、その重要性を少しも失わない。……

多数派の専制は、その他の専制と同様、最初は主に国家権力の行為としてイメージされ、恐れられた。普通の人はいまでもそう考えている。しかし、深く考える人はちがった見方をする。社会それ自体が専制的になっているとき――すなわち、集団としての社会が個々の人間を抑圧するとき――その抑圧の手段は、政府の役人が行う活動のみに限られるものではない、というのである。……

したがって、役人の専制から身を守るだけでは十分ではない。多数派の思想や感情による抑圧にたいしても防御が必要だ。すなわち、多数派が、法律上の刑罰によらなくても、考え方や生き方が異なるひとびとに、自分たちの考え方や生き方を行動の規範として押しつけるような社会の傾向にたいして防御が必要である。社会の慣習と調和しない個性の発展を阻害し、できればそういう個性の形成そのものを妨げようとする傾向、あらゆるひとびとの性格をむりやり社会の模範的な型どおりにしたがる傾向、これにたいする防御が必要である。」

私は、いつも、ミルの『自由論』を学生にすすめる三冊の中のトップに挙げることにしている。量もそれほど多くはなく、翻訳で文庫一冊分だが、内容は濃い。余力があれば、すでに原書はパブリック・ドメインに入っているので、英文でも読んでみてほしい。*7

『自由論』と並んで是非とも読んでほしいのが、ミルの『自伝』である。ミルの『自伝』は、幼い頃、父親から受けた徹底した早教育から、「精神的危機」を経て、そこから立ち直り、壮年期以降の彼の旺盛な著作活動の詳細を知るにはまたとない一次資料である。

ミルの前にはリカードの『経済学および課税の原理』がその分野の権威書として読まれていた

わけだが、ミルとリカードは、次の点で、決定的に異なっている。それは、リカードが資本主義という経済体制を「所与」または「自明のこと」として取り扱っているのに対して、ミルはそれが歴史的に変化または進化していくものと見なしていることである。

その背景には、資本主義の発展に伴って、資本家階級と労働者階級の対立が激しくなったこと、1825年以降イギリスも周期的な恐慌に見舞われるようになり、資本主義という経済体制に内在的な矛盾への不安が顕在化したことなどが挙げられるだろう。そして、『自伝』によれば、ミルがフランスのサン＝シモン主義を熱心に学んだことも、彼の思想形成に大きな影響を及ぼした。すなわち、「人間の進歩には自然の順序があるという説とか、特に、すべての歴史は組織期と批判期の二つにわかれるという説などには非常に感心した」と。[*8] さらに、ミルは、次のような重要なことを言っている。[*9]

「普通の意味の自由主義思想に対する彼らの批評には、重要な真理が多分にふくまれているように私には思えた。私有財産や遺産相続を動かしがたい事実と考え、生産と交換の自由を社会改良の最後の切札と考える古い経済学は、きわめて局限された一時的の価値しか持たぬことにはじめて私の眼があいたのは、なかばは彼らの著作によることであった。」

ミルは、後年、資本主義の「歴史相対性」を認識するにとどまらず、資本主義と社会主義をさまざまな観点から比較するという「比較経済体制論」の先駆的な仕事も残しているが、これは後に取り上げることにしたい。

さて、資本主義の「歴史相対性」を認識したことは、ミルの経済理論にどのような影響を与えたのだろうか。それは、富の「生産の法則」と富の「分配の法則」を峻別したところに典型的に現れていると思う。前者は土地の収穫逓減の法則とマルサスの人口法則に規定されている意味で、ある種の「自然法則」に類似した性格をもっている。ところが、後者は、「一定の制度と習慣」を所与として分配の仕組みを考えるものであり、「一定の制度と習慣」（例えば、資本主義的私有財産制度）が変化すれば仕組みもまた変化するものだというのである。ミルは、『自伝』のなかで、のちに夫人となるハリエットの影響が大きかったと述べているが、それが資本主義という経済体制は自明のことであり、それ以上追究しなかったリカード経済学との決定的な差異であることは間違いない。これも重要なので、『自伝』から引用してみよう。[*10]

「経済学の純粋に理論的な部分は私も妻から学んだわけではない。しかしこの書物（『経済学原理』）を、いささかなりとも科学的と誇称した在来のすべての経済学解説書と区別し、それら在来の書物にあきたらなかった人々に経済学に対して好意を持たせるのに大きな一役をつとめさせたあの全体の調子は、主として妻の力によるのであった。その調子はどこから生まれて来たかというと、それは主として、富の生産の諸法則（これは対象自身の性質にもとづく完全な自然法則である）と、その分配の方式（このほうはいくつかの条件下に人間の意志によって決定される）との間に当然な区別を立てたことから生み出された。普通の経済学者はこの両者を同じ経済法則の名のもとに混同して、人間の努力によってくつがえしたり修正したりすることはできないものと考え、われわれの地上での生存にともなう不可変の諸条件に依存するものと、実は特定の社会機構の必然的結果にすぎずしたがってその機構がかわれば当然かわるようなものと、その双方に同じ必然性を認めようとする。一定の制度と習慣とが与えられれば、賃金や利潤や地代等は一定の原因によって決定されるのであるが、この派の経済学者たちは、そういう不可欠の前提条件を見おとして、これらの諸原因が、人間の力ではどうにもならぬ内在的な必然性によって、生産物の分配にあたっての労働者、資本家、地主、三者それぞれの取り分を決定するのだと論ずる。私の「経済学原理」は、これらの諸原因がその前提となる諸条件のもとでいかに作用するかを科学的に理解しようと目ざした点では、先輩諸氏のどの著書にもあえてひけをとるものではないが、ただそれらの諸条件を最終的なものとは扱わないという点で新機軸を出した。経済法則は自然の必然性だけによってきまるのではなく、それと現存の社会機構との組み合せによってきまるのだから、当然それは一時的なもの、社会改良の進度によって大いに変化を受けるべきものと、本書は扱ったわけである。実は私のこういう見解は、サン・シモン派社会主義者たちの所説を考察することによって私の頭によびさまされた考え方からその一部は発したものだったが、それが全巻にゆきわたってこの著作に生気をふきこむ強い指導原理となったのは、妻の刺戟によるものであった。」

ミルはとても誠実な教養人で、自分の知らないことはヨーロッパ中の古今の名著から貪欲に学んだが、そのような学問的態度は、経済学をそれ自身で自律した学問とは見なさず、経済学の隣接の学問から学ぶべきは学ぼうとする彼の『経済学原理』（初版は1848年）を特徴づけるものである。現代経済学の一部には、経済学の思考法をすべての社会問題に応用しようとする「経済学帝国主義」（シカゴ大学のゲーリー・S・ベッカーの仕事が有名だった）のような考え方もあるが、ミルは明らかにこれとは一線を画している。彼は『自伝』のなかで次のように言っている。[*11]

「『経済学原理』の急速な成功は、このような書物を大衆が欲しており、受け入れる用意があることを明らかにした。一八四八年のはじめに出版されて、第一刷一千部は一年以内に売り切った。同部数の次の版が一八四九年の春に出、三版一二五〇部は一八五二年のはじめに出た。

最初から絶えず権威ある著書として引用言及されたが、それは本書が単なる抽象理論の書でなく、同時に応用面も扱って、経済学を一つだけ切り離されたものとしてでなく、より大きな全体の一環、他のすべての部門と密接にからみ合った社会哲学の一部門として取り扱い、したがって経済学のその固有の領域内での結論も、一定の条件づきでしか正しくない、それらは直接経済学自身の範囲内にはない諸原因からの干渉や反作用に制約される、したがって他の諸部門への考慮なしに経済学が実際的な指導理論の性格を持ち得る資格はないのだ、としたからである。事実、経済学はいまだかつて人類に、自分だけの見地から忠言を与えようなどと大それたことを実行したことはない。もっとも、経済学だけしか知らぬ者（したがって実は経済学をロクに知らぬ者）が、あえて世に忠言を与えようと分不相応な大望を起したためしはあり、そのばあいその連中は、本当に自分の持つ知識だけでそうするよりほかなかったのだが。」

ミルは、一時サン＝シモンの秘書をつとめたこともあり、のちに社会学という学問の創設者となるオーギュスト・コントとも手紙を通じて交流があったが、ある時期までのコントからも大いに学んだ。[*12] コントに倣って、ミルは、「特殊社会学」としての経済学では、例えばより多くの富を追求する人間と自由競争の支配する社会状態を想定し、そこで成り立つ経済法則を「演繹的」に導き出すことは十分に可能であると考えた。だが、複雑な社会現象の相互連関を取り扱う「一般社会学」では、演繹法には限界があり、代わりに歴史的事実からの帰納によって経験的な法則を引き出したあと、人間性の原理に基づく演繹法によってそれを検証する「逆演繹法」（コントは同じ方法を「歴史的方法」と呼んでいた）を提唱していた。

このような考え方の延長線上に、ミルの「政治的エソロジー」の構想がある。先にみた演繹法による抽象理論の定式化は、どこの国でも、そのまま現実に適用できるものではない。ミルによれば[*13]、富の追求を唯一の行動の動機とした人間と自由競争の支配を前提に演繹されたモデルや命題は、イギリスやアメリカのように資本主義が高度に発展してきた国には適用できるが、一般には、何の限定条件もなしに他の後発国に適用するのは無理があるという。その場合、何がその適用を制約するのかを、各国民や各時代の性格の類型を整理することによって明らかにしなければならない。これが「政治的エソロジー」の課題なのである。

ここまでくれば、ミルが、資本主義という経済体制を自明のこととみなし、その「歴史相対性」を考慮しなかったリカード経済学とは一線を画したという意味も明白になったのではないだろうか。

column 1

## 変わり者のすすめ

ミルは、本文で述べたように、民主制のもとでも「多数派による専制」という問題が生じ得ることを指摘し、少数意見を尊重すべきだと主張したが、このような考え方は、自由や個性を守るには、社会に「変わり者」がいてもよい（あるいは、「変わり者」の存在を容認すべきだ）という主張にもつながる。

政治や経済や社会の諸問題に対して、「多数派」の意見がどのように形成されたとしても、ミルは、そこからはみ出てしまう「少数派」に適切な配慮をすべきだという意見の持ち主だった。これは、言うはやさしいが、実行するのは案外むつかしいものである。とくに、欧米よりも「同調圧力」が働きやすい日本ではなおさらのことだ。それだけに、19世紀後半の『自由論』のなかに、それが書かれているのは貴重なことだ。[*14]

「かつての時代においては、人と異なる行動をとるのは、それが普通より優れているのでなければ意味がなかった。しかし、現代においては、大衆に順応しない実例を示すこと、慣習に膝を屈するのを拒否すること、ただ単にそれだけでも意味がある。

世論の専制は、変わった人を非難するものだ。だから、まさしく、この専制を打ち破るために、われわれはなるべく変わった人になるのが望ましい。性格の強い人がたくさんいた時代や地域には、変わった人もたくさんいた。そして一般的に、社会に変わった人がどれほどいるかは、その社会で、ずば抜けた才能、優れた頭脳、立派な勇気がどれほど見出されるかにも比例してきた。したがって、現在、あえて変わった人になろうとする者がきわめて少ないことこそ、この時代のもっとも危うい点なのである。」

## II 過渡期の経済学

ミルの経済学は、資本主義という経済体制を自明のことだと想定したリカード経済学とは異なり、資本主義に批判的な社会主義の思想がいくつも登場していた最中で構想されたこと、しかし現実にはまだ社会主義という経済体制がどこにも生まれていなかった等の理由で、「過渡期」の経済学だと特徴づけられてきた。前に触れたように、ミルがサン＝シモン派の影響を受けて、資本主義という経済体制の「歴史相対性」を悟ったのも、そのような背景があったからだろう。

ミルの『経済学原理』も、そのような時代思潮を見事に捉えたからこそ、大成功を収めたのだと思われる。彼の『経済学原理』の特徴は、絞り込めば次の三つになるだろう。

第一は、ミルが『自伝』のなかで触れた「生産・分配峻別論」である。この点は前に少し触れたが、以下、『経済学原理』に沿って見ていこう。

生産の法則は、具体的には、土地の収穫逓減の法則とマルサスの人口法則の二つに規定される。前者は、リカードの価値論でも説かれたように、穀物の生産の拡大を妨げる主な要因であった。他方、後者は、マルサスが説いたように、生産力の発展を上回る人口の増大が生じたとき、必然的に貧困を招く要因であった。この二つは歴史貫通的に作用するので、生産の法則に「自然法則」と類似の性格を与えるだろう。ミルは、『経済学原理』のなかで、次のように言っている。*15

「そもそも富の生産に関する法則や条件は、物理的真理の性格をもち、そこには人間の意のままに動かしうるものは何もないものである。およそ人間が生産するところの物は、いずれも外物の構性と人間自身の肉体的精神的な構造の内在的諸性質とによって定められた方法により、またそのような条件のもとに生産されねばならない。人間の生産の量は、人間がそれを好むと好まざるとにかかわらず、人間がもっている先行的蓄積の分量によって制限され、またもしこれが与えられたとすれば、それは人間のエネルギー、技能、機械の完成の度および協業の利益の利用方法の巧拙に比例するであろう。」

ところが、分配の法則は、こうはいかない。リカード経済学は、「一定の制度と習慣」（資本主義的私有財産制度）を所与として、賃金、利潤、地代が一定の要因によって決定されることを示したが、「一定の制度と習慣」という前提条件に変化が生じれば、分配の仕組みも変化するだろう。ミルは、繰り返しになるが、サン＝シモン派の思想の影響を受けて、私有財産制度を自明の前提としていた従来の立場を修正し、分配の法則の可変性を認めるようになったのである。ミルは次のように言っている。*16

「ところが、富の分配の場合はそうではない。それはもっぱら人為的制度の上の問題である。ひとたび物が存在するようになったならば、人間は、個人的にも集団的にも、それを思うままに処分することができる。また好むところの人に、また任意の条件で、その処分を任せることもできる。さらに、人間が社会生活をなしている場合、すなわちまったくの孤独生活をしているとき以外のすべての場合においては、人間が何らかの方法で物を処分するには、社会の承諾、というよりもむしろ社会の積極的実力を握っている人々の承諾を受けなければならない。……それであるから、富の分配は、社会の法律と慣習とによって定まるわけである。富の分配を規定する規則は、その社会の支配層の意見と感情とのままに形成されるものである。そしてそれは時代を異にし、国を異にするに従って大いに異なり、また人間が欲するならば、なおこれ以上に異なったものとなりうるものである。」

第二は、古典派の「定常状態」（stationary state）について、他の古典派の人々とは違う「異端」の評価を下したことである。[*17] それはこういうことである。リカード経済学に代表される古典派は、収穫逓減の法則とマルサスの人口法則に依拠し、やがて資本蓄積が停止してしまう定常状態（利潤がゼロとなる）が訪れると論じた。だが、それは彼らにとって「望ましくない」状態なので、外国の安価な穀物の自由輸入を認めるような貿易を提唱した（なぜなら、穀物が安価になれば、生存費で決まる賃金が下がるので、利潤が確保され、資本蓄積が停止することはないからだ）。

ところが、ミルは、定常状態の到来をそんな悲観的な眼でみないのである。定常状態を「人間的進歩の停止」と捉えるのではなく、むしろ人間の精神や文化の発展のための入り口として歓迎する姿勢を見せている。ここは、現代の「脱成長」（colum2 **脱成長について**参照）を唱える思想家にも通じる重要な視点なので、よく読んでほしい。[*18]

「定常状態においても、あらゆる種類の精神的文化や道徳的社会的進歩のための余地があることは従来と変わることがなく、また『人間的技術』を改善する余地も従来と変わることがないであろう。そして技術が改善される可能性は、人間の心が立身栄達の術のために奪われることをやめるために、はるかに大きくなるであろう。産業上の技術でさえも、従来と同じように熱心に、かつ成功的に研究され、その場合における唯一の相違といえば、産業上の改良がひとり富の増大という目的のみに奉仕するということをやめて、労働を節約させるという、その本来の効果を生むようになる、ということだけとなるであろう。今日までは、従来行なわれたすべての機械的発明が果たしてどの人間かの日々の労苦を軽減したかどうか、はなはだ疑わしい。それは、たしかに従来よりもより大きな人口が従来と同じ苦しい作業と幽囚の生活を送ることを可能ならしめ、またより多数の工業家やその他の人たちが財産をつくることを可能ならしめた。それは中産諸階級の生活上の余裕を増大した。けれども、それは、人間の運命がその本性上、またその将来においてなし遂げるべきもろもろの偉大な変革については、まだそれを実現しはじめてもいないのである。ただ公正な制度に加えて、人類の増加が賢明な先見の思慮ある指導のもとに行なわれるようになったとき——ただこのようなときにのみ、科学的発見者たちの知力とエネルギーとによって自然諸力から獲得した戦利品は、人類の共通財産となり、万人の分け前を改善増加させる手段となることを得るのである。」

このような主張は、繰り返しになるが、ミルの時代には「異端」であったし、経済成長至上主義の呪縛から抜け切れない現代の多くの国々でも、いまだに「異端」である。だが、ミルが没して150年の年月が経ち、ようやく財界でも、SDGs（Sustainable Development Goals）という言葉が使われるようになった。とくに、わが国では、十倉雅和氏が経団連会長に就任して以来、このような傾向が顕著になった。もちろん、財界が経済成長を否定することはないし、岸田内閣の「分配と成長の好循環」についても、「成長」が先決という立場は揺るがないけれども、十倉氏の次のような新年メッセージ（2022年）は、昔の財界首脳からは期待できなかったものである。[*19]

「経団連が掲げる「サステイナブルな資本主義」は、岸田総理が目指す「新しい資本主義」と軌を一にするものである。岸田総理は、昨年10月の政権発足以来、「新しい資本主義の実現」に力を注ぐことを表明してこられた。柱となるコンセプトは、「成長と分配の好循環」と「コロナ後の新しい社会の開拓」である。総理を議長とする「新しい資本主義実現会議」では私から、分配は成長とセットで議論すべきであり、まずは成長が重要であることを強調した。そのために取り組むべき課題は、コロナで問題となった我が国の危機管理能力の向上など社会的共通資本の構築であり、こうした課題は市場経済だけでは解決できないため、政府の役割が重要になることを指摘した。また、新しい資本主義の実現には、サステイナブルな地球環境が欠かせないことから、デジタルトランスフォーメーション（ＤＸ）と並んで、グリーントランスフォーメーション（ＧＸ）についても、政府全体で議論していく必要があることを繰り返し訴えている。

ＧＸ、ＤＸに加えて、スタートアップ振興、規制改革、地方創生、働き方の変革と人材の育成、国際社会との連携・協調、財政健全化と持続可能な全世代型社会保障改革など、内外の重要政策課題を強力に推進することが急務である。

企業こそが成長と分配の担い手であるという覚悟と気概を持って、経団連は、２０２２年も岸田内閣と力を合わせ、コロナ禍の克服とサステイナブルな資本主義による持続可能で豊かな未来社会の確立に向けて、全力で取り組んでいく所存である。皆様のより一層のご支援、ご協力をお願い申しあげる。」

「定常状態」へのミルの異端的評価は、現代にも多くの示唆を与え続けているのである。

第三は、ミルが、古典派のなかでは率先して、労働者階級の将来について論じた一人だったことである（『自伝』によれば、それも夫人であるハリエットの影響だという）。これもリカード経済学にはなかった特徴である。

ミルは、労働者階級の未来が開けるかどうかは、彼らの精神的教養の向上にかかっていると信じていたので、それに資する学校教育や社会教育の拡充に期待をかけた。しかも、ミルは人口調整を重視する新マルサス主義者でもあったので、知性の向上は適切な人口調整によってのみ可能となると論じている。ミルの新マルサス主義は、女性解放論者としての彼の立場とも密接に関連しているが、関心のある読者は、直接、彼の『女性の解放』大内兵衛・大内節子訳（岩波文庫、1957年）をひもといてほしい。

ミルは、労働者階級の知性の向上にのみ関心をもっていただけではない。彼はヨーロッパ大陸の動き、とくに2月革命以後のフランスで、労働者が組織する協同組合運動が盛んになっていることをよく知っており、その動きを積極的に評価していた。というのは、それが大規模生産による効率と節約との調和を保ちながら発展していく可能性が高まったからである。ミルは、現にある資本主義体制をいっぺんに変革するのではなく、その欠陥を徐々に矯正しながら理想に近づけていくという漸進主義の思想家だったが、次のように、協同組合運動を通じて徐々に変化を推し進めようとするという考えにも、その立場が反映しているように思われる。*20

「かの勝ち誇れる軍事的専制主義でさえもただ遅からしめたばかりで、停止させてしまうことのなかった進歩向上が、今後ももしその前進をつづけるとすれば、雇傭労働者という status

〔地位〕が次第に労働者の一部の、道徳的素質が低級であるためにより独立的ないかなる仕事にも適しないような部類の人々だけに限られるようになるであろうということ、そして雇主と労働者という関係が、ある場合には労働者と資本家との共同組織という形態、他の場合には——そしておそらく最後にはすべての場合において——労働者たち同士のあいだの共同組織という形態という、二つの形態の一方における組合営業によって取って代わられるようになるであろうということ、このことにはほとんど何の疑いもありえないのである。」

colum2　**脱成長について**

「脱成長」という言葉は、「マイナス成長」「景気後退」「失業の増大」などを連想させるので財界の一部はこれを警戒しているように思える。だが、フランスの経済哲学者、セルジュ・ラトゥーシュの『脱成長』中野佳裕訳（白水社文庫クセジュ、2020年）によれば、フランス語の「デクロワッサンス」にはもともと否定的な意味合いはなく、たとえるなら「氾濫する川の減水」に近いものだという。

現在では、ラトゥーシュと同じような問題意識をもっている人たちも増えている。例えば、ヨルゴス・カリスほか『なぜ、脱成長なのか』上原裕美子・保科京子訳（ＮＨＫ出版、２０２１年）のなかで４名の著者たちが主張している五つの改革（「成長なきグリーン・ニューディール政策」「所得とサービスの保障」「コモンズの復権」「労働時間の削減」「環境と平等のための公的支出」）は、基本的にラトゥーシュの延長線上にある。

もちろん、いまでは、グリーン・ニューディールなどは生ぬるく、資本主義というシステム全体のグレートリセットが必要だという若きマルクス主義者、斎藤幸平氏のベストセラー（『人新世の「資本論」』集英社新書、２０２０年）も出ているので、私にはかなり穏当な主張のように思われる。

だが、スタンダード・エコノミックスを学んできた人たちの耳には、次のような思想は十分にラディカルに響くかもしれない。例えば、経済成長至上主義や生産力至上主義を乗り超えるには、「経済から抜け出すこと」や「我々自身を脱成長化すること」が重要だという主張（ラトゥーシュ）や、「不平等と搾取に依存する経済成長は、その魅力的な夢を限られた特権的な人々にしか叶えない」（『なぜ、脱成長なのか』）という厳しい批判などである。

格差、異常気象、過剰労働などの問題が山積する現在の資本主義というシステムに向き合ったとき、ラトゥーシュやその他の脱成長派は、従来の生き方そのものを見直し、「節度ある豊かさ」や他者とともに生きながらコモンズの復権を図り、新しい人間関係を築いていかなければならないと主張するが、個人主義や自由主義が基礎にあるスタンダード・エコノミックスでは、それは「経済」の外にある、「社会」の問題であると捨象されてしまいがちである。

いまや、脱成長派の問題提起には共感する人は多い。だが、資本主義というシステムをいっぺんに作り替える条件として、彼らがいうように、危機に目覚めた国民が行動することが必須だとすれば、少なくとも日本では、いまだに道は険しいと言わざるを得ない。

## III 比較経済体制論の試み

「比較経済体制論」という言葉を聞くと、私より上の世代の読者は、かつて冷戦時代に「資本主義対社会主義」というテーマが、しばしば学界や論壇を賑わしたことを覚えているに違いない。しかも、いまの学生には想像がつきにくいだろうが、「知識人」とか「インテリ」と呼ばれている人々の多くが社会主義寄りのスタンスをとっていた。ベルリンの壁の崩壊前の話である。

社会主義を標榜する経済体制は、言うまでもなく、十月革命（1917年）によってソビエト政権が成立して初めて登場した。マルクスの『資本論』は、世界中の社会主義運動にきわめて大きな影響を及ぼしたが、意外なことに、マルクスは社会主義体制が生まれたのちの経済運営については何も語っていなかった。むしろ、社会主義体制下での経済問題について論争の口火を切ったのは、オーストリア学派の流れをくむルートヴィヒ・フォン・ミーゼス（1881―1973）の論文「社会主義社会における経済計算」（1920年）だった。[*21] ミーゼスの主張は、現代経済学の基礎を学んだ者には、わかりやすいものである。すなわち、生産手段の私有がなくなった社会主義の下では、生産手段の価格もなくなるので、合理的な経済計算は不可能だというのだ。

ベルリンの壁の崩壊以後に生まれた世代にとっては、ミーゼスの主張はごく「当たり前」のように思えるかもしれないが、当時の経済学界では、ミーゼス説が決して圧倒的に多数派を占めたわけではないことに留意する必要がある。その証拠に、ポーランド出身の社会主義者、オスカー・ランゲ（1904―65）がミーゼス批判として提示した論文「社会主義の経済理論について」（1936―37年）が、シュンペーターのような大物を含む理論経済学者に支持されたからである[*22]（colum3 **シュンペーターいわく、「社会主義は作用しうる」**）。ランゲの主張は、たとえ生産手段の市場価格がなくなったとしても、中央計画当局が特定のルールで「計算価格」を設定しそれを運用することによって、一般化された意味での「価格」の機能を十分に有効利用することができるというものだった。ランゲは社会主義者だったが、社会主義の下での経済計算が可能だという自己の主張を、マルクス経済学ではなく、レオン・ワルラス（1834—1910）の一般均衡理論を援用して論証しようとしたことが注目された。*23

ミルの比較経済体制論に入る前に以上を紹介したのは、「知識人」や「インテリ」の多くが社会主義に寛容なスタンスをとっていたのとパラレルに、学界においても、しかもマルクス経済学者でなくても、ベルリンの壁の崩壊前は、同様な傾向がみられたからである。そして、興味深いことに、ミルもまた当初は社会主義に寛容なスタンスをとっていた。しかし、『自由論』の著者でもあったがゆえに、最後は「個人の自由」への許容度という視点が重要になってきたのだということをあらかじめ示唆しておきたい。

ミルは、サン゠シモン派を含むフランスの社会主義の諸思想に通じており、一時は、かなり社会主義の方向に引きずられたかに見える時期もあった。だが、死去する2年前に刊行された『経済学原理』の第7版（1871年）がミルの最終的見解であるとみなされるので、以下でも、それに沿って解説していきたい（幸いにも、『経済学原理』の日本語版は、第7版を底本にしている）。

私は、これまで何度か、ミルの思想の特徴を「漸進主義」と呼んできたが、資本主義と社会主義を比較する際に、彼がどのような問題意識で論じているかを再確認しておこう（なお、以下、ミルが「私有財産制度」と呼んでいるものは「資本主義」に、「共産主義」と呼んでいるものは事実上「社会主義」に相当している)。

ミルは、比較経済体制論を試みるとき、慎重にも、「最善」の状態にある社会主義と、「現にある」資本主義を比較するのは公平に欠けると注意を促している。「正当な比較を試みるには、最善の状態における共産制と、現状のごときものではなくて、理想的な形における私有財産制とを比較しなければならない[*24]」と。それでもいまだに資料が不足しているという制約はある。それゆえ、あえてそれを試みるのならば、「二制度のうちどちらが人間の自由と自主性の最大量を許すか[*25]」という点に留意すべきだという。

さて、社会主義は建前として労働者や女性の解放を主張しているので、この点では、資本主義よりも優れているように見える。だが、そのことだけをもって、ミルは性急な判断を下さない。彼は、社会主義の下で、「個性」がどれほど許容されるのか、個人が社会全体(あるいは、国家と言ってもよいかもしれない)に隷属したり監視されたりすることはないのかを問題にしている。ミルは次のように言っている[*26]。

「社会の現状においては、共産主義的制度の場合よりも、教育および職業ははるかに多種多様であり、全体に対する個人の絶対的隷属の程度ははるかに低いが、その社会の現状においてさえ、世論の力や個人の隷属はその著しい弊害のひとつとなっている。平凡人の軌道を逸していることが非難される社会は、決して有益な社会とはいえない。共産主義の企画は、果たして人性の多辺的発展、種々さまざまな不等性、趣味や才能の種々相、見地の多様性――これらのものは単に人生の関心事の最大部分を成すばかりでなく、人々の知能を互いに衝突させて刺激し、各人に対しひとりでは思いつかなかったであろう見解を数多く示すことによって、精神的道徳的進歩の根本動力となるものである――と両立するかどうか、なお将来においてこの点が確かめられなければならない。」

では、ミルは、「人間の自由と自主性の最大量」を引き出す上で、社会主義は資本主義よりも劣っていると主張したいのだろうか。単純にそうだとは言えない。なぜなら、資本主義にもまた、多くの欠陥が内在しているからである。そもそも、「私的財産の本質的原理は、人々が自分の労働によって生産し、自分の制欲によって蓄積したものを、すべてそれらの人々に保障する」[*27]ということである。ところが、この本質的原理に照らすと、現にある資本主義の制度のなかには明らかに不合理なものがある。

第一に、相続権がある。相続権が自分の労働に基づくものではないことは明白だから、それは私的所有の原理と相容れない。それゆえ、ミルは、相続の権利は、「遺贈」を例外として、私的所有の観念の一部を構成しないという。

第二に、土地所有権も自分の労働に基づくものではないので、私的所有の原理に抵触している。ところが、ミルは、土地の改良は労働の成果なので、土地所有者が土地の改善に努力している限り、土地の私有も許されるというように一定の譲歩を示している。それにもかかわらず、現にあるイギリスの土地所有制度（長子相続の慣習、借地農の不安定な土地保有条件など）には多くの不合理があるので、ミルは、晩年、土地制度改革運動に力を入れることになった。

ミルは、他の経済問題と同様に、つねに「中庸」の立場をとっている。長子相続制の維持を主張する保守派にも、土地の公有化を主張する急進派にも与せず、私有制を基本に漸進的な改革を推し進めるべきだという主張である。

「中庸」はイギリス経験論の立場から出てきた黄金律のように思えるが、かつて左派の強かったわが国の学界や論壇では、あまり好意的な評価を得られなかった。しかし、ミルの「中庸」の立場は、彼の死以降にイギリスの学界で主流になっていくマーシャルにも継承されていくという意味で、重要な影響力をもっていた。さらにいえば、資本主義の漸進的改革の路線は、ケインズにも、現代のポール・A・サムエルソン（1915―2009）にも踏襲されていったように思える。まさに経済学の正統派的思考法なのである。

ミルは、「究極の理想」として、いつの日か、社会主義の理想が実現されるかもしれないと期待したけれども、彼がものを書いていた時代には、まだその状態まで到達するには時間がかかると結論づけたのである。その社会哲学は、保守派にも急進派にも偏らず、つねに両者のバランスをとり、知的に誠実なものであった。

colum3

## シュンペーターいわく、「社会主義は作用しうる」

シュンペーターは決して社会主義者ではなかった。彼の名前を経済学の歴史において不動のものにした名著『経済発展の理論』（初版は1912年）では、天才的な企業家による「新結合」（のちに「イノベーション」と呼ばれるようになる）の遂行が経済発展の原動力であると説かれていた。ただし、彼の理想的な企業家像は、1912年以前の資本主義（彼の言葉では、「競争的資本主義」）を観察して描かれたはずである。一般向けの講演で、ヘンリー・フォード（1863―1947）のT型フォード車（最初に発売されたのは、1908年）をよく例に挙げていたのも肯ける。

ところが、資本主義が競争段階から独占や寡占など大企業が支配する段階（彼の言葉では、「トラスト化された資本主義」）になると、イノベーションの担い手が、天賦の才能をもった「個人」としての企業家から、大企業内部の専門家集団に移行するので、企業家機能が変容し、晩年には、やがて資本主義は衰退し、社会主義に移行していくだろうと論じるようになった（『資本主義・社会主義・民主主義』１９４２年）。

だが、若い頃からワルラスの一般均衡理論やそれを発展させた人たちの仕事を研究していた彼は、ミーゼスとは違って、社会主義は機能しないとは決して考えていなかった。いまでは、私たちはオスカー・ランゲのモデルをよく知っているが、シュンペーターは、『資本主義・社会主義・民主主義』の第三部「社会主義は作用しうるか」において、ランゲよりも前にイタリアのエンリコ・バローネが事実上それと同じアイデアを理論的に完璧に解明しているとして、それを詳しく紹介している。

もっとも、シュンペーターは社会主義を礼賛するために、バローネ説を詳しく取り上げたわけではないが、ミーゼス説は学界では決して多数派ではなかった例としてシュンペーターを挙げるのは決して的外れではないだろう。

＊1 Ｊ・Ｓ・ミル『自由論』斉藤悦則訳（光文社古典新訳文庫、２０１２年）53ページ。
＊2 同前、54ページ。
＊3 同前、62ページ。

＊4　同前、84－85ページ。
＊5　同前、113－114ページ。
＊6　同前、18－20ページ。
＊7　https://oll.libertyfund.org/title/mill-on-liberty-and-the-subjection-of-women-1879-ed
＊8　J・S・ミル『ミル自伝』朱牟田夏雄訳（岩波文庫、1960年）146ページ。
＊9　同前、148－149ページ。
＊10　同前、213－215ページ。（　）内は引用者が補った。傍点は引用者。
＊11　同前、205－206ページ。
＊12　J・S・ミル『コントと実証主義』村井久二訳（木鐸社、1978年）参照。
＊13　J. S. Mill, A System of Logic, edited by J. M. Robson, Collected Works, vol.8, 1973, p.906.
＊14　J・S・ミル『自由論』前掲、163ページ。
＊15　J・S・ミル『経済学原理』第二分冊、末永茂喜訳（岩波文庫、1960年）13ページ。
＊16　同前、14－15ページ。
＊17　ミル『経済学原理』の日本語版では、stationary state に「停止状態」という訳語をあてているが、現在では、「定常状態」のほうがわかりやすいと思われるので、この章でも、後者を使いたい。
＊18　J・S・ミル『経済学原理』第四分冊、109－110ページ。傍点は引用者。
＊19　十倉雅和氏の新年メッセージ（2022年1月1日）より。
https://www.keidanren.or.jp/speech/2022/0101.html（2023年4月15日アクセス）
＊20　J・S・ミル『経済学原理』第四分冊、133－134ページ。

＊21 この論文は、いまでは、ミーゼス研究所のウェブサイトで読めるようになっている（２０２３年4月21日アクセス）。
https://mises.org/library/economic-calculation-socialist-commonwealth
＊22 Oskar Lange, "On the Economic Theory of Socialism, Part One," *Review of Economic Studies*, vol.4, no.1 (1936).
Ditto,1937. "On the Economic Theory of Socialism, Part Two," *Review of Economic Studies*, vol.4, no.2 (1937).
＊23 一昔前の比較経済体制論の教科書には、必ずといってよいほど、この論争の詳細が詳しく紹介されていたので、私たちには馴染みがある。例えば、盛田常夫『体制転換の経済学』（新世社、１９９４年）を参照。ちなみに、ワルラスも土地国有化を主張する特異な意味での社会主義者だったが、現代経済学の遺産として残っているのは、ミクロ経済学の基礎としての一般均衡理論（ワルラスの言葉では、「純粋経済学」）のみである。
＊24 J・S・ミル『経済学原理』第二分冊、28-29ページ。
＊25 同前、31ページ。
＊26 同前、33ページ。
＊27 同前、68ページ。

第4章

# ケンブリッジの「伝統」への反逆

ジョン・メイナード・ケインズ

ジョン・メイナード・ケインズ（1883―1946）は、現在でも、アダム・スミスとともに、最も有名な経済学者の一人と言ってよいだろう。実際、高校の世界史や政治経済の教科書のなかにも登場しているので、ふつうに授業を受けていれば、名前くらいは覚えているはずである。

ところが、知名度が高いということは、スミスの例でも見てきたように、その人の理論や思想が正確に理解されていることを必ずしも意味していない。確かに、私の師匠、伊東光晴氏のベストセラー『ケインズ――〝新しい経済学〟の誕生』（岩波新書、1962年）はすでに60年以上も売れ続けており、ここ30年ほどは、尊敬するマクロ経済学者、吉川洋氏の『ケインズ――時代と経済学』（ちくま新書、1995年）がケインズ経済学への優れた案内役を果たしてくれているのだが、いまだに、「不況になれば財政出動すべきだ」という特定の政策の旗振り役としてケインズの名前が使われている。もちろん、財政政策もケインズ政策の一面ではあるが、それのみでケインズを理解すると、一貫して優れた貨幣経済理論家であったケインズの全体像が掴みにくくなる。

ケインズは、ケンブリッジ学派の創設者で自分の師匠でもあるマーシャルの経済学（ミル以後、英米圏の正統派経済学のなかの「正統」と言ってもよいほど影響力があった）に「反逆」し、経済学の歴史に「ケインズ革命」と呼ばれるほどの一大変革を成し遂げた天才である。だが、こういうといまではすぐに反論が返ってくるので、あらかじめ注意を促しておきたい。

ケインズがケンブリッジ学派の伝統のなかで「異端児」であることを自覚していたことは確かである。だが、彼は、みずからを育んだケンブリッジ学派の共有財産（マーシャルが重視した経済学の実践性の重視、自由放任主義への疑問など）を放棄したわけではない。ケンブリッジ学派の研究者のなかには、伊藤宣広氏のように、ケインズがケンブリッジ学派の人々の仕事を巧妙に再構成し、『一般理論』のモデル化に成功したと主張する者もいる。[*1] それでも、伊藤氏でさえ、ケインズの貢献が決して小さいものではなかったことには反対していない。

私は、「無から有は生じない」という意味で、ケインズがケンブリッジ学派の人々の仕事を十分に研究したことは事実だと思う。『一般理論』を構成している「部品」をひとつひとつ取り上げていけば、どこかに先人の仕事の跡があり、何から何までケインズの独創ではなかったことは明白だろう。それにもかかわらず、ケインズは、先人たちの重みを感じながらも、それらをあえて「古典派」と一括し、自分が再構成した新理論のみが、理論と政策の両面において、1930年代の世界的大恐慌の現実に応えうるものだと主張した。そこには誇張や行き過ぎがあったかもしれない。だが、ケインズの偉業によって初めて、「古典派」経済理論の限界や欠陥に気づいた経済学者は少なくなかった。そうでなければ、ポール・A・サムエルソンに代表されるような世界中の若手研究者たちが「革命」に熱中することはあり得なかっただろう。それゆえ、この章では、ケインズがマーシャル経済学という「正統」に対する「異端児」であったことの意味を丁寧に解説していきたい。

## Ⅰ 「古典派」への「異端児」

ケインズは、若い頃からマーシャルに可愛がられ、その将来を期待されたケンブリッジ学派の「プリンス」であった。ケインズが学生時代を過ごした頃のケンブリッジでは、経済理論の基礎はすでにマーシャルの『経済学原理』によってほぼ完成されており、後進に残されているのはマーシャルが十分に手をつけられなかった応用経済学（金融、財政、景気変動など）だと信じられていた。ケインズは、そこで、「金融」の分野を選んだが、のちに明らかになるように、そのことが彼の経済理論に優れて「貨幣的」な特徴を付与することになる。

ケインズの「貨幣」三部作として、『貨幣改革論』（1923年）、『貨幣論』（1930年）、『雇用・利子および貨幣の一般理論』（1936年）を挙げることに異議は少ないと思われるが、使っている理論がそれぞれ異なる。

第一の『貨幣改革論』は、ケインズがまだマーシャルの忠実な弟子であった時期の著作である。ケインズは、マーシャルの「現金残高数量説」（マーシャル型の貨幣数量説）を部分的に修正した式を提示しているが、基本的な考え方は、貨幣供給量Mの増大が長期的にはすべて物価水準Pの比例的上昇につながるというものである（colum1 **現金残高数量説について**）。もちろん、ケインズは、短期的にはMとPの比例関係が成り立たない状況についても多くを語っているが、それでも、長期的命題としての貨幣数量説を否定するまでには至っていない。

第二の『貨幣論』は、物価問題に対する「投資―貯蓄アプローチ」を採用した著作である。ケンブリッジでは、ケインズの初期の教え子の一人、デニス・H・ロバートソン（1890―1963）が『銀行政策と価格水準』（1926年）において導入したアプローチをケインズも採用したものだが、遡れば、スウェーデンの経済学者、クヌート・ヴィクセル（1851―1926）の『利子と物価』（1898年）にまで辿り着く（colum2 **ヴィクセルとケインズ**）。ロバートソンは、マーシャルを心から尊敬していたが、彼がケンブリッジ貨幣理論を大きく前進させた功労者であったという事実は忘れてはならない。根本的な考え方は、投資と貯蓄を天秤にかけ、前者が後者を上回ればインフレが、後者が前者を上回ればデフレが生じるというものだった。だが、『貨幣論』の段階までのケインズの理論的関心は物価水準の決定にあり、いまだ産出量や雇用量の決定理論は欠落していた。

だが、ニューヨークの株式大暴落以来、世界的に不況が蔓延するようになり、物価水準ではなく、雇用量や産出量がいかにして決定されるかを解明する理論の完成が要請されるようになった。その課題に応えたのが、第三の『一般理論』だった。ケインズは、この本のなかで、「セイの法則」(「供給はそれみずからの需要を創り出す」と表現されるが、要は商品の販路は心配せずともよいということ)を奉じている人々を強引に「古典派」と一括し、それに代わる「有効需要の原理」を提示した。有効需要の原理の内容は、あとで解説することになるが、ここでは簡単にケインズが、実際の購買力に裏づけられた需要(例えば、消費需要や投資需要)が不足しているがゆえに、労働者が働く意欲をもちながらも職にありつけないという「非自発的失業」が生じると主張したいのだと押さえておきたい。

ケインズは、こうしてみると、『一般理論』を書いた時点で、自分が「古典派」の伝統と断絶したのだと考えていたことがわかるだろう。もちろん、どのような意味での「断絶」かはもう少し後で詰める必要があるが、ケインズがどのようにみずからを位置づけていたかを知るのは重要である。ケインズは、『一般理論』の「ドイツ語版への序」(1936年9月7日付)において、次のように述べている。*2

「現代のすべてのイギリスの経済学者は、アルフレッド・マーシャルの『経済学原理』によってはぐくまれてきたが、そのマーシャルは自分の思想がリカードウの思想と連続していることを強調するのにとくに苦心を払っていた。彼の仕事は大部分、限界原理と代替の法則をリカードウの伝統に接続させることにあった。そして彼は、一定の産出量の生産および分配に関する彼の理論とは異なった、全体としての産出量および消費に関する彼の理論をけっして別個に展開することがなかった。彼自身がそのような理論の必要を感じていたかどうかは、私は知らない。しかし、彼の直接の後継者や追随者たちはたしかにそのような理論をもたず、しかもそれをもたないことに気づいていなかったように見える。私はこのような雰囲気の中で成長し、私自身このような学説を教えてきた。私がその不完全さを意識するようになったのは、ようやく過去10年以来のことである。したがって、この書物は私自身の思想とその発展の上での反動であり、イギリスの古典派的（あるいは正統派的）伝統からの離脱を示すものである。私が以下においてこのことを強調し、私が通説と意見を異にする点を力説したことは、イギリスにおける一部の人々から不当に論争的であると見られている。しかし、イギリス経済学における旧教徒として育てられ、その信仰の伝道師でさえあったものが、ひとたび新教徒となった場合、ある程度の論争的強調をどうして避けることができるだろうか。」

もちろん、ケインズの言葉は多少の誇張を含んでおり、『一般理論』のなかで提示された「有効需要の原理」を構成する「部品」のなかには、ケンブリッジ学派の人々も類似のものをもっていたことは確かである。だが、ケインズほど、それを整合的な形で再構成し、ひとつの統一されたモデルにまで昇華させることに成功した経済学者はいないと思う。

しかも、ケインズは、「セイの法則」を公理のように想定したリカードばかりでなく、マーシャルやピグーのような「新古典派」と呼ばれる人々の大多数も、短期的に「セイの法則」が成り立たない状況が生じることは認めてはいるものの、長期的には、「セイの法則」の世界に戻ると考えていたことを俎上に載せる。確かに慎重な性格のマーシャルは、『経済学原理』のなかで、「セイの法則」が短期的に成り立たない状況（ある業種で需要が落ち込んだとき、その業種に特殊化された熟練と資本をもっている人たちの所得が減り、その所得の減少が他の業種にも波及していくこと）がありうることを認めている。だが、そのような混乱の原因は「確信の欠如」なのだから、時間の経過とともに、それが回復すれば正常に戻ると考えている。すなわち、マーシャルにおいても、長期的には、「セイの法則」が成り立つのである。*3

ケインズは、自分が、欧米の経済学界の頂点に立っていたマーシャル経済学という正統派中の正統のなかで育てられたので、それがどれだけの権威をもっているのか、肌身で感じていた。それゆえ、マーシャル経済学に反旗を翻し、「有効需要の原理」という「新しい経済学」を提唱しようとしたとき、みずからが「異端」の立場に身を置くことになるのだと十分に自覚していたはずだ。その「異端」の意識が、先にみた『一般理論』の「ドイツ語版への序」に現れているのである。

ただし、誤解を招かないように再度、急いで付け加えるが、それはケインズがケンブリッジ学派の共有財産（経済学の実践性の重視、自由放任主義への懐疑、等々）を否定したことを意味しない。ケインズのマーシャルへの「反逆」の理由は、後者のなかに経済全体としての産出量や雇用量の決定理論が欠如しているがゆえに、１９３０年代の世界的大恐慌に際して政府が有効需要を支えるための対策を講じるべき合理的根拠を見出せないこと、これ一点である。それでも、この一点は、経済学の大きな変革につながる可能性を秘めていた。確かに、ケンブリッジ学派内部のピグーやロバートソンは、ケインズよりも早い段階で、不況時の公共投資を提唱していたが、ケインズの眼には、そのような政策の必要性はマーシャル経済学からは導き出せないはずなので、理論と実践が分裂しているように映ったのである。

以上、ケインズがなぜ『一般理論』において「古典派」に対してあれほど「論争的」なスタンスをとっているのかについて述べてきた。次からは、『一般理論』の解説に入っていきたい。

## 現金残高数量説について

マーシャルの現金残高数量説は、次のような恒等式から始まる。

M≡kPO

ここで、Pは物価水準、Oは実質産出量を表しているので、POは貨幣所得Yに恒等的に等しい（Y≡PO）。人々はその貨幣所得の一定割合kを現金残高として保有するとする（kはいわゆる「マーシャルのk」と呼ばれるものである）。他方、貨幣数量をMで表すと、上に提示した式（M≡kPO）が恒等的に成り立つ。ここで、左辺は貨幣供給を、右辺は貨幣需要を表していることに留意しよう。

これだけでは、貨幣需給の恒等式を意味するに過ぎないが、もしkとOが一定と仮定できるならば、恒等式はM=kPOという形の方程式になり、PとMは比例することになる。ただし、「数量説」という場合、M→Pという方向、すなわち、貨幣供給量の増大（減少）が物価の比例的上昇（下落）をもたらす理論を指している。マーシャルは、これを長期的な命題として提示したが、このような思考法がケインズの『貨幣改革論』にも受け継がれている。

colum2　**ヴィクセルとケインズ**

ヴィクセルは、「貨幣利子率」（中央銀行が設定する利子率）と「自然利子率」（投資と貯蓄が均等になる利子率）の区別を導入し、貨幣的経済理論の新たな歴史を切り開いた功労者の一人である。いま、貨幣利子率＝自然利子率をスタートラインとし、何らかのイノベーションによって期待利潤率が高まったとしよう。その場合、自然利子率が貨幣利子率よりも高くなるので、貯蓄を超える投資がおこなわれ、物価が上昇する。この過程は、再び貨幣利子率と自然利子率が均等になるまで続く（ヴィクセルの「累積過程」と呼ばれる）。貨幣利子率＝自然利子率のとき、物価は安定する。反対に、自然利子率よりも貨幣利子率が高くなると、投資を超える貯蓄がおこなわれ、物価が下落する。この場合は、物価が下落する方向での「累積過程」が生じるが、この過程も再び貨幣利子率と自然利子率が均等になるまで続く。

ケインズの『貨幣論』は、ある意味でヴィクセル理論を継承し、「市場利子率」（貨幣利子率とほぼ同じ概念）と「自然利子率」を軸に、投資と貯蓄の関係から物価問題にアプローチした著作である。『貨幣論』の「基本方程式」は、ケインズによれば、ヴィクセルの思考法を発展させ、より明確にしたものだった。しかし、ケインズは、『貨幣論』を公刊してまもなく、この理論の欠陥に気づき、結局、それを放棄した。それから、『一般理論』の形成過程が始まるのである。

ケインズは、『貨幣論』を検討する「ケンブリッジ・サーカス」に集結した若手研究者たちが、貯蓄を超える投資がおこなわれたとき、物価が上昇するのは、暗に「産出量一定」を仮定しているからではないかという批判に直面し、それを真摯に受けとめた。その批判に答えるには、産出量の決定を論じなければならないが、当時の正統派であるマーシャル経済学にはそれが欠落していたのである。

## II 有効需要の原理

ケインズ『一般理論』の主要課題は、労働者が現行の賃金率（もちろん、「実質賃金率」の意味である）で働く意欲がありながら、なぜ「非自発的に」失業してしまうのかを解明することだった。ケインズの直観は、それは「有効需要」（外国貿易と政府の活動のない「封鎖経済」のもとでは、消費需要プラス投資需要）が不足しているからだという明快なものだった。

「古典派」によれば、賃金率が何らかの理由（例えば、労働組合の存在）で下方硬直性をもつとき、労働に対する需要よりもその供給が大きくなり、失業が生じるというのだが、それはケインズの用語では「自発的失業」に当たる。「古典派」は、自発的失業以外にも、労働需給のミスマッチで生じる「摩擦的失業」の存在も認めていた。だが、ケインズの直観は、第一に、失業現象を単に労働市場の問題としてではなく、財市場における全体としての有効需要の問題として捉えたところに特徴がある。

ケインズは、『一般理論』を「短期の想定」（人口・技術・資本設備が所与の意味）を置いて書いている。のちのケインジアンは、この想定を外し、ケインズ理論の「長期化」を試みているが、ケインズは、1930年代の大恐慌時、供給面の余力は十分にあるにもかかわらず、需要面が決定的に不足している状況に焦点を合わせるために、あえてこの想定をとっている。

さて、国民所得Yは、供給面からみれば国民生産物の供給を、需要面からみれば消費需要Cと投資需要Iの合計を指すが、国民所得の均衡水準は、その両者が等しくなるところで決定される。こういえば簡単に見えるだろうが、ケインズは次のように進んでいく。

消費需要Cは、国民所得の増加とともに増加するが、Cの増加はYの増加には及ばないと仮定する。数学的には、$0<\Delta C/\Delta Y<1$と表現される（$\Delta C/\Delta Y$を「限界消費性向」と呼ぶ）。そして、投資Iは、ひとまず一定額がYから独立に与えられていると仮定する。以上から、国民所得について、需要と供給が等しくなる条件は、次の式によって示されることになるだろう。

$$Y=C(Y)+I \qquad (1)$$

ケインズは、貯蓄S=Y−Cと定義しているので、(1)式は次のように書き換えることができる。

$$S(Y) = I \quad (2)$$

(1)式は、文字通り、Yの均衡水準$Y_e$が、左側の総供給と右側の総需要が等しくなったところで決定されることを示している。以前は、私の師匠の一人(伊東光晴)が監修者に加わっていた高校の政治経済や商業経済の教科書でも、縦軸にC+I、横軸に国民所得Yをとった図において、45度線とC+I曲線の交点において均衡所得が決定されることが示されていたので、大学生ならばすぐに思い出してほしい初歩的なモデルである。国民所得決定理論(あるいは、乗数理論)は、「有効需要の原理」を支える重要な柱の一つなのだから(colum3 **45度線モデル**)。

ただし、こうして決まった均衡所得が完全雇用に対応した所得$Y_f$に一致しているとは限らない。『一般理論』が対象にしたのは大恐慌時代の経済だから、有効需要が不足し、それゆえ、完全雇用よりははるかに低い水準に均衡所得が決まっていた。$Y_e$が$Y_f$よりもはるかに低いということは、雇用量も完全雇用からはるかに遠い、非自発的失業者が大量に発生している水準に決まっているということである。

非自発的失業が発生しているときは、政府が有効需要を増やすための対策を講じなければならないが、いわゆる「ケインズ政策」については誤解も少なくないので、一通りケインズ体系を提示したあとで、まとめて見ていくことにしたい。

先ほど国民所得の決定理論を説明したとき、投資Ｉはひとまず一定と仮定した。しかし、厳密には、次に投資決定論を考えなければならない。

ケインズは、企業家の投資行動を次のようにモデル化した。すなわち、投資は、投資から得られると予想される利潤率ｍ（ケインズは「資本の限界効率」と多少難しい用語を使っている）と、資金の借入コストを表す利子率ｒを比較し、両者が等しくなるところまでおこなわれる、と。

資本の限界効率は、投資量が増加するにつれて、予想収益の系列の低下と投資財産業における限界費用の増加によって、次第に逓減していく。縦軸に利子率と資本の限界効率、横軸に投資量をとった図では、資本の限界効率表は右下がりになるので、利子率がある水準に与えられれば、それと資本の限界効率が等しくなるまで投資がおこなわれることになるだろう（colum4　**ケインズの投資決定論**）。

ここで留意すべきは、資本の限界効率が「予想」されたものなので、企業家の抱く予想次第で大きく揺れ動く可能性があることである。『一般理論』のなかには、バブルの隆盛と崩壊を読み解くときに必須となるような、楽観と悲観の誤謬についての比較的長い文章がある（とくに、第12章「長期期待の状態」）。例えば、ケインズは、「投機」（＝「市場の心理を予測する活動」）と「企業」（＝「資本の全存続期間にわたる予想収益を予測する活動」）を区別し、現代資本主義の弊害は「投機」の「企業」に対する優位に原因があると見なしている。きわめて重要なので、ケインズの指摘を記憶しておいてほしい。*4

「投機家は、企業の着実な流れに浮かぶ泡沫としてならば、なんの害も与えないであろう。しかし、企業が投機の渦巻のなかの泡沫となると、事態は重大である。一国の資本発展が賭博場の活動の副産物となった場合には、仕事はうまくいきそうにない。新投資を将来収益から見て最も利潤を生む方向に向けることを本来の社会的目的とする機関として眺めた場合、ウォール街の達成した成功の度合は、自由放任の資本主義の顕著な勝利の一つであると主張することはできない――もし私のように、ウォール街の最もすぐれた頭脳は実際にはそれとは異なった目的に向けられてきたと考えることが正しいならば、このことは驚くべきことではない。」

ところで、先に見た投資決定論では、利子率が外から与えられていたが、もちろん、厳密には、次に利子率の決定理論を考えなければならない。

ケインズによれば、利子率は「流動性」(「交換の容易性」や「安全性」の総称だが、言うまでもなく、最も流動性の高いものは「貨幣」である。以下、「流動性」は「貨幣」とほぼ同じ意味で使う)に対する需要と供給の関係で決まる。これを「流動性選好説」と呼んでいる。その基本的な考え方は、以下の通りである。

人々は所得を受け取ったとき、まず、どれだけを消費し、どれだけを貯蓄するかを決める。「古典派」は、この段階しか考察しなかったので、利子を「貯蓄」(古い言葉では、「待忍 waiting」)に対する報酬であると捉えた。だが、人々は貯蓄しようと決めた次の段階で、それを「貨幣」の形態でもつのか、それとも「他人へ貸し付ける」(=「債権」の形態でもつ)のかを決めなければならない。そして、利子は、人々が貯蓄を「債権」の形態でもつという選択をしたとき、その報酬として支払われる。ケインズは、その意味で、「利子率は特定期間流動性を手放すことに対する報酬である」と定義している。

人々により多くの貨幣を手放してもらうには、その報酬としての利子率がより高くなければならないので、縦軸に利子率、横軸に貨幣量を測った図において、流動性選好曲線は右下がりに描かれるだろう。他方、ケインズは貨幣供給量は中央銀行の政策によって一定の水準に決まると考えているので、貨幣供給曲線は垂直になる。そして、利子率は、流動性選好曲線と貨幣供給曲線の交差するところに決まるというのである(colum5 **流動性選好説**)。これが、国民所得決定理論

（あるいは、乗数理論）と並んで、「有効需要の原理」を支えるもう一つの柱である。

利子率がきわめて低い水準になると（ケインズは、2-3%を想定していた）、将来それがさらに低下する（=債権価格がさらに上昇する）よりは、それが上昇していく（=債権価格が下落していく）という予想が市場の大勢を占めるようになるので、人々の貨幣に対する需要がきわめて強くなる。これが「流動性の罠」と呼ばれる状況である。

流動性の罠にはまってしまうと、貨幣供給量をいくら増やしても、利子率はもう低下しなくなるので、ふつうの意味での金融政策は無効になるだろう。ただし、ケインズは、そのような状況は理論的には考えうるが、実際にはまだそのような現象は見られないと考えていた。私たちは、近年の日本や欧米で、ほぼゼロ金利のもとでの流動性の罠が実際にもありうることを知ったが、これはケインズにとっては「想定外」であった。ケインズは、利子率は完全雇用を実現するにはまだまだ高い水準にあると考えていたので、『一般理論』以前から低金利を主張しているが、それは現状が流動性の罠には陥っていないという状況判断に基づいている。ここもきわめて重要なので、ケインズの文章を引用しておく。*5

「……利子率がある水準にまで低下した後では、ほとんどすべての人が、きわめて低い率の利子しか生まない債権を保有するよりも現金の方を選好するという意味において、流動性選好が事実上絶対的となる可能性がある。この場合には、貨幣当局は利子率に対する効果的な支配力を失っているであろう。しかし、この極限的な場合は将来実際に重要になるかもしれないが、現在までのところでは私はその例を知らない。」

以上で、「有効需要の原理」を支える二つの柱（乗数理論と流動性選好説）が揃ったので、ケインズ体系とは何かという次の課題に移りたい。

colum3

## 45度線モデル

図1は、Y＝C（Y）＋Iという式を視覚的にわかりやすく示している。45度線とC＋I曲線の交点においては均衡所得$Y_e$が決まる。しかし、$Y_e$は完全雇用に対応した所得$Y_f$には達していない。このような場合に、ケインズの「非自発的失業」が生じる。いわゆる「ケインズ政策」（減税、低金利、公共投資など）の必要性は、この簡単な45度線モデルから導かれる。

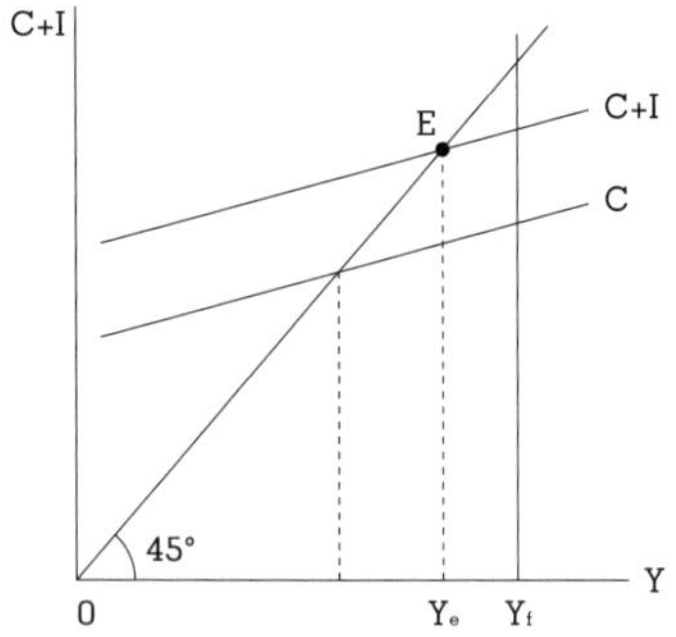


図1

colum4　**ケインズの投資決定論**

図2は、資本の限界効率表と利子率が等しくなるところで投資量が決定されることを示したものである。

この図では、利子率が $r_i$ の水準に与えられたとき、投資量が $I_e$ に決まることがわかる。ただし、mは「予想」によって激動しうるので投資量もその予想の影響を大きく受けることになる。

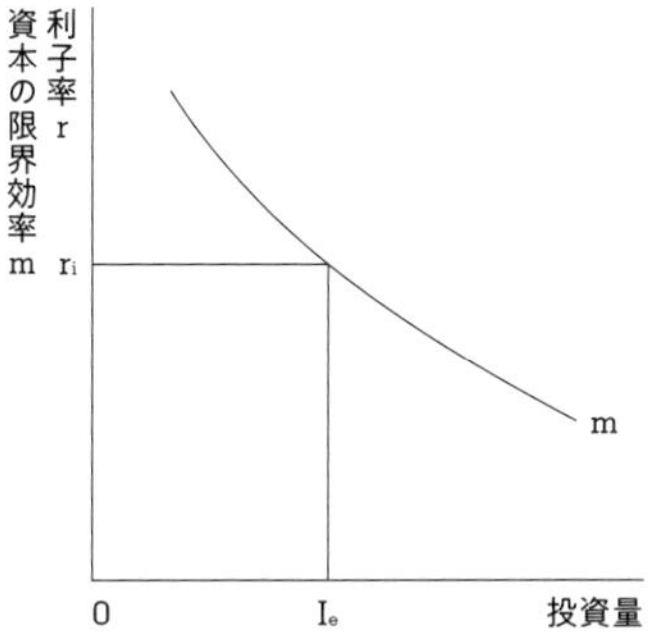


図2

## 流動性選好説

図3は、流動性選好曲線と貨幣供給曲線の交点Eで利子率が決定されることを示したものである。

図3では、利子率は交点Eに対応する$r_e$の水準に決まっている。いわゆる「流動性のわな」は、流動性選好曲線が水平になるところである。

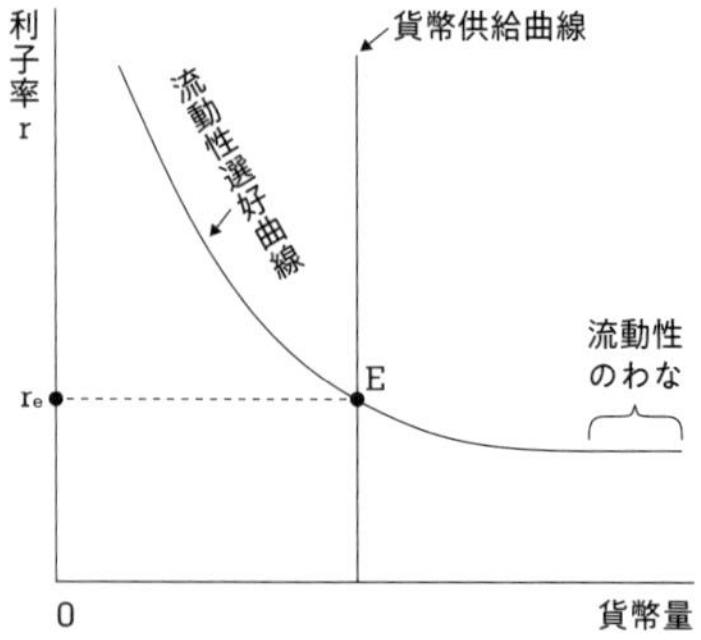


図 3

## III ケインズ体系とは何か

ケインズの「有効需要の原理」を支える二つの柱、乗数理論と流動性選好説のあらましについてはすでに述べたとおりだが、以下では、ケインズ体系がどのような構造をもっているのかを解説することから始めよう。

ケインズの直観は、大量失業は有効需要の不足から生じるというものだった。封鎖経済のもとでは、有効需要は消費需要と投資需要の合計だが、消費は所得の安定的な関数だったので、投資が決まれば所得も決まる（国民所得決定理論または乗数理論）。次に投資はどう決まるかといえば、それは資本の限界効率が利子率と等しくなるところで決定されるのだった。資本の限界効率表に変動がなければ、利子率の低下は投資を増大させるが、企業家の抱く「期待」次第で資本の限界効率表が激しく動くので、利子率低下の効果は相殺される可能性がある。さらに、利子率はどう決定されるのかといえば、それは流動性選好と貨幣供給量の関係で決まるのだった（流動性選好説）。貨幣供給量が増えれば、「流動性の罠」に陥っていない限り、利子率は低下するだろう。

ケインズが「古典派」と決定的に違うのは、失業を単に労働市場の問題として片付けず、まず財市場における有効需要の大きさに焦点を当てたこと、そして有効需要の構成要素（消費と投資）の決定を論じながら、最終的に、人々の「貨幣愛」（ケインズがよく使った言葉だが、流動性選好と言っても同じである）こそが大量失業の究極的原因であるという主張につなげていったことである（column6 **パシネッティのケインズ解釈**）。

この理論から、彼の政策も導き出される。人々の流動性選好が強く、相対的に高い利子率が成立しているときは、まず中央銀行が積極的に買いオペなどの貨幣管理をおこなって、貨幣供給量を増大させなければならない。貨幣供給量の増大は、「流動性の罠」のような特殊な状況を例外として、流動性選好の強さに応じて利子率を引き下げる効果をもつだろう。利子率の低下は、資本の限界効率表が変動しなければ、投資を増大させるだろう。ただし、資本の限界効率は企業家の抱く「期待」にかかっているので、将来に対する不安が強いときは、資本の限界効率表が下方にシフトし、投資の増大につながらないかもしれない。その場合は、政府が財政赤字を覚悟してでも、有効需要を支えるために公共投資をおこなうことが要請されるだろう。最後に、投資が増大したとき、それがどれだけの所得の増大につながるかは、乗数の値に依存している。消費性向が同時に落ち込んでしまうケース（その場合は、乗数の値が小さくなる）なら別だが、投資の増大は所得の増大につながり、雇用量や産出量も増えるはずである。

ケインズは、この「有効需要の原理」によって、「古典派」の二分法を崩壊させたのである。「古典派」の二分法とは、貨幣供給量が増大しても長期的には物価水準を引き上げるだけだから、雇用量や産出量には何の影響も及ぼさないという思考法である（還元すれば、貨幣的変数は雇用量や産出量のような実質変数には何の影響も与えないということ。「貨幣の中立性」命題が成り立っていると表現しても同じである）。ケインズの『一般理論』が、当初、「生産の貨幣理論」として構想されたゆえんである。

ところで、『一般理論』は、到底徹尾、マクロの集計量のあいだの経済法則を解明したものである。ケインズ革命によって現代的な意味での「マクロ経済学」が誕生したと言われるのも、それを指している。このような思考法は、経済学史では、「方法論的個人主義」の否定と呼ばれるが、ケインズは学生の頃すでに哲学者のG・ムーアから「有機的統一の原理」（全体はその部分の価値の総和とは異なる内在的価値をもつという思想）を学んでいたので、「合成の誤謬」の典型である「節約のパラドックス」も、すんなりと頭に浮かんできたのではないかと思われる。

節約のパラドックスは、所得決定の簡単な式を使って説明することができる。Y=C+Iという式に、もっとも単純な消費関数C=cY（cは消費性向）を代入して整理すると、Y=（1/1-c）Iとなる。（1-c）は貯蓄性向sに等しいので、Y=（1/s）Iと書き換えても同じである。

いま、全体としての投資Iが100兆円だとしよう。もし社会全体の貯蓄性向sが0・1ならば、（1/s）、すなわち乗数が10なので、簡単な計算でYは1000兆円となる。そのうちの0・1

が貯蓄されるので、全体としての貯蓄Sは100兆円となる。ケインズ理論は、投資がそれに等しい貯蓄を生み出す水準に所得を決めているのがわかるだろう。

ところが、ここでsが0・2になったとしよう。乗数が10から5に変化するので、全体としての投資Iが変わらなければ、所得Yは500兆円になる。そのうちの0・2が貯蓄されるので、全体としての貯蓄はやはり100兆円である。変わったのは所得である。

個人がその所得の一割を貯蓄していたが、あるとき、それを二割に変更したとする。その個人にとっては、貯蓄額は二倍になるはずである。だが、社会のすべての人が同じ行動をとると、sが0・1から0・2になるので、乗数が10から5へと低下する。それゆえ、いまの例のように、全体としての投資に変化がないならば、全体としての貯蓄も変化しない。変わるのは所得なのである。個人について当てはまることが社会全体についてはそうはならないことを「合成の誤謬」というが、「節約のパラドックス」もその一例にほかならない。

「節約のパラドックス」は、初学者がつまずきやすいところだが、投資主導で所得が決まり、所得からの貯蓄は投資と変わらない（I→S）というケインズの論理をしっかり頭に叩き込んでほしい。「古典派」は、アダム・スミス以来、貯蓄の重要性を強調してきたが、それは貯蓄が投資を賄うと考えられていたからである（S→I）。ケインズは、この論理を逆転させたのである。

さて、ケインズ理論の革新性を中心に話をしてきたが、『一般理論』最終章「一般理論の導く社会哲学に関する結論的覚書」になると、ケインズは『一般理論』の実践的含意は「適度に保守的」であると、やや「古典派」への「反逆」のトーンを落としている。なぜだろうか。諸説あるが、ケインズは決して社会主義者ではなかったので、自分の「古典派」への不満が全体としての産出量の決定理論がないという一点に絞られること、自由放任主義では非自発的失業が発生しやすいので政府による総需要の慎重な管理が必要であること、しかしながら、それは消費者や企業の選択の自由を奪うものではなく、社会不安を招きかねない大量失業問題が解決されるならばかえって個人主義や自由主義の伝統的価値は保持されるのだと主張したかったからだと思われる。
以上を踏まえて、ケインズの真意を誤解しないように、次の文章を読んでほしい。*6

「一般に受け入れられている古典派経済理論に対するわれわれの批判は、その分析における論理的な欠陥を見出すことではなく、その暗黙の想定がほとんどあるいはまったく満たされていないために、古典派理論は現実世界の経済問題を解決することができないということを指摘することであった。しかし、もしわれわれの中央統制によって、できるかぎり完全雇用に近い状態に対応する総産出量を実現することに成功するなら、古典派理論はその点以後再びその本領を発揮するようになる。もしわれわれが産出量は所与であり、すなわち古典派の思考体系の外部の力によって決定されると仮定するなら、なにが個々に生産されるか、それを生産するために生産要素がどのような割合で結合されるか、そして最終生産物の価値は生産要素の間にどのように分配されるかといった問題が、個人の利己心を通じて決定される仕方についての古典派の分析に対しては、異議を唱えるべきことはない。また、もしわれわれが倹約の問題を違った仕方で処理しておくなら、完全競争および不完全競争のそれぞれの状態における個人の利益と公共の利益との間の一致・不一致に関する現代古典派理論に対しても、異議を唱えるべきことはない。したがって、消費性向と投資誘因との間の調整を図るための中央統制の必要を別とすれば、経済生活を社会化すべき理由はこれまで以上には存在しないのである。」

『一般理論』の出版された1936年といえば、ドイツではヒトラーが権力を握っていた時期と重なっている。ケインズは、戦間期にドイツに対する宥和政策を説いて一部に反発を招いていたが、それゆえ、誤解を避けるために、政府が総需要管理というマイルドなコントロールを手中にすれば、それ以上に個々の経済主体の経済行動に干渉する理由はないし、個人主義や自由主義の伝統的価値には抵触しないのだと何度か念を押している。次の文章もあわせて丁寧に読んでほしい。[*7]

「今日の独裁主義的な国家組織は、効率と自由を犠牲にして失業問題を解決しようとしているように見える。短い好況の時期を除けば、今日の資本主義的個人主義と結びついている――私の考えでは、その結びつきは不可避的である――失業に、世界が遠からず我慢できなくなることはたしかである。しかし、効率と自由を保持しながら病弊を治療することは、問題の正しい分析によって可能となるであろう。」

ケインズの『一般理論』は、1930年代の世界的大恐慌の産物であった。これは間違いのない事実である。だが、ケインズ理論に「不況の経済学」のレッテルを貼るのは正しくない。ケインズの偉大さは、単に大恐慌に対する的確な診断と処方箋を書いたのみではなく、第二次世界大戦後、四半世紀ほど続いた「ケインズの時代」を創り出したことにあるからだ。この場合の「ケインズの時代」とは、先進諸国が高水準の雇用と、できるだけ低いインフレの組み合わせで最大限の成長につながるような総需要管理に成功したことを指している。

その「ケインズの時代」にもっとも権威のあった経済学者が、1970年、アメリカ人として初めてノーベル経済学賞の栄冠に輝いたポール・A・サムエルソンである。彼は、先ほどケインズが述べたような構想（ケインズ経済学と古典派経済学の併用）を「新古典派総合」と呼び、世界的ベストセラーとなったみずからの教科書『経済学――入門的分析』（初版は1948年、以後3

─5年の間隔で改定された）を通じてそれを普及させていった。私たちが学生であった頃、大袈裟にいえば、サムエルソンこそが「経済学」そのものであり、正統の中の正統であったのだ。

もちろん、経済学部でマクロ経済学やミクロ経済学を学んでいくうちに、サムエルソン経済学もいまは「正統」ではないことに気づくだろう。その詳細は本書の範囲外なので、ここには書かない。ただし、本書で何度も繰り返しているように、ケンブリッジ学派内の「異端児」として革命を成し遂げたケインズが、第二次世界大戦後、サムエルソンの「新古典派総合」という「正統」のなかに組み入れられたこと、しかしながら、その「正統」もいつの日か「異端」の挑戦を受け、衰退していくパターンがあることである。本書のテーマ、「正統と異端のせめぎ合いの中から革新が起こる」は、経済学の歴史をみるときの有力な視座なのである。

column6

## パシネッティのケインズ解釈

イタリアの経済学者、ルイジ・L・パシネッティ（1930―2023）の"causal type"（因果順序がはっきりしている型のこと）のケインズ解釈は、私たちのケインズ理論のポイントをよく捉えている。

$$\psi(L,\overline{M}) \to r \to \varphi(E,r) \to I \begin{matrix} \nearrow Y \\ \searrow C \end{matrix} \begin{cases} Y=C+I \\ C=f(Y) \end{cases}$$

ここで、Eは資本の限界効率を表すパラメーターであり、残りの記号は本文と同じである（L・L・パシネッティ『経済成長と所得分配』宮崎耕一訳、岩波書店、1985年、49ページ参照）。

このモデルは、私の師である伊東光晴氏が『ケインズ』（岩波新書、1962年）のなかで提示したものと基本的に同じである。

## 補論1　ヒックスのIS／LM

本文では、ケインズの思考過程がよくわかるように、パシネッティのケインズ解釈に基づいたモデルを提示したが、経済学部のマクロ経済学の講義では、ふつうJ・R・ヒックス（1904―89）が考案したIS/LMによるケインズ解釈が紹介されるだろう（「ケインズ氏と〝古典派〟」『エコノメトリカ』誌、1937年4月）。もちろん、初学者でもこれを知っておくのは必要なので、以下、簡単に解説しておこう。

IS/LMは、簡単にいえば、財市場の均衡I（r）＝S（Y）から右下がりのIS曲線を、貨幣市場の均衡M=$L_1$（Y）＋$L_2$（r）から右上がりのLM曲線を導出し、所得Yと利子率rが両曲線の交点によって同時決定されることを示したものである（図4を参照）。

IS曲線は、（資本の限界効率表が所与ならば）利子率の減少関数となる投資I（r）と、所得の増加関数である貯蓄S（Y）が等しいという財市場の均衡を図で表したものである。利子率の低下は投資の増大をもたらすが、それに等しい貯蓄を生み出すには所得も増大しなければならない。それゆえ、IS曲線は右下がりとなる。

LM曲線は、貨幣供給量（所与）が、取引動機と予備的動機に基づく貨幣需要$L_1$（Y）と、投機的動機に基づく貨幣需要$L_2$（r）の合計に等しいという貨幣市場の均衡を図で表したものである（$L_1$は所得の増加関数、$L_2$は利子率の減少関数となることに注意）。所得の増大は$L_1$を増大させるが、Mが所与なので、残りの貨幣量で$L_2$を満たすには利子率が上昇しなければならない。それゆえ、LM曲線は右上がりとなる。

かくして、所得と利子率は、IS曲線とLM曲線の交点Eにおいて同時に決定される。この分析装置は、有用なことに、LM曲線の形状に留意することによって、深刻な不況時（LM曲線の水平部分）と完全雇用が実現された古典派のケース（LM曲線の垂直部分）の両方を同じ分析枠組みのなかに包摂できるという長所をもっている。同時決定という思考法は、ヒックスが若き日に研究していたローザンヌ学派（レオン・ワルラスやヴィルフレード・パレートに代表される）の一般均衡理論から学んだものである。

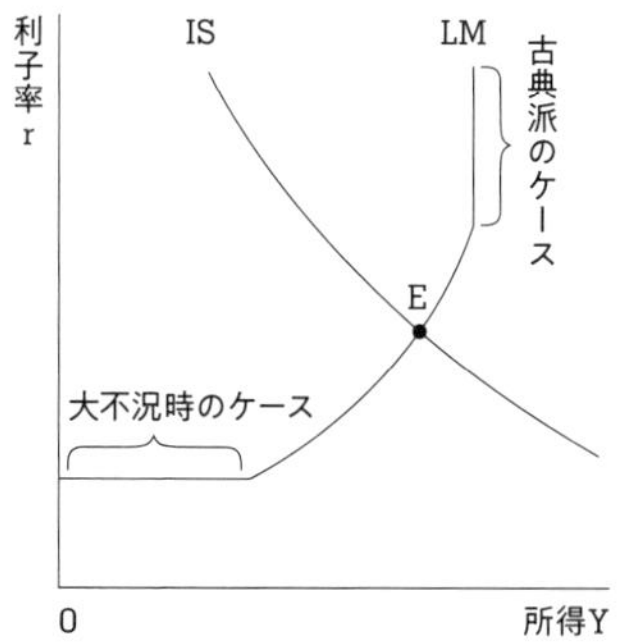


図4

IS/LM が『一般理論』の本質を捉えているかについては若干の疑問もあるが、これ以上は初級レベルを超えるので、拙著『現代経済思想史講義』（人文書院、2020年）を参照してほしい。

あれほど「貨幣」を重視したケインズの『一般理論』が、今日、「不況になれば赤字財政にかまわず財政出動すべし」という粗雑な理解で政策論議に登場するのは、経済学史上のパラドックスの一つである。だが、これには、あえて「古典派」に対する論争を仕掛け、自己の主張をときに極端な例を挙げて説明する傾向があったケインズにも多少の責任はあるだろう。

例えば、公共投資は「無駄の制度化」のようなものでも何もしないよりはよいとして、次のようなことを言っている（第10章「限界消費性向と乗数」）。

「もし大蔵省が古い壺に銀行券をつめ、それを廃炭鉱の適当な深さのところへ埋め、次に都会のごみで表面まで一杯にしておき、幾多の試練を経た自由放任の原理に基づいて民間企業にその銀行券を再び掘り出させる（もちろん、この権利は銀行券の埋められている地域の借地料の入札によって得られるものとする）ことにすれば、もはや失業の存在する必要はなくなり、その影響のおかげで、社会の実質所得や資本資産もおそらく現実にあるよりもはるかに大きくなるであろう。もちろん、住宅やそれに類するものを建てる方がいっそう賢明であろう。しかし、もしそうすることに政治的、実際的困難があるとすれば、上述のことはなにもしないよりはまさっているであろう。」（『ケインズ全集 第7巻 雇用・利子および貨幣の一般理論』128ページ）

もっとも、第10章で言い過ぎたと思ったのか、第16章「資本の性質に関する覚書」には、こんな文章もある。

「『地下に穴を掘ること』も、それが貯蓄の中から支払われるならば、雇用を増加させるだけでなく、有用な財貨およびサービスの実質国民分配分を増加させる。しかし、われわれがひとたび有効需要を規定する影響力を理解するならば、分別ある社会がそのような思いつきにすぎない、しばしば無駄の多い緩和策に頼って満足しているのは理に合わぬことである。」（『ケインズ全集 第7巻 雇用・利子および貨幣の一般理論』218ページ。傍点は引用者）

そもそも、完全雇用を達成するには十分な投資量が確保できないとき、公共投資以外の何らかの政策は、ケインズの念頭にはなかったのだろうか。私はあったと思う。だが、この政策は、『一般理論』だけに注目していたのでは明確に浮かんでこない。それは『一般理論』の第12章末尾に登場するだけのアイデア（いわゆる「投資の社会化」）だが、1920年代にケインズの重要な関心事であったイギリス産業の再編問題との関連で捉え直すと光明が得られる（拙著『今こそ読みたいケインズ』集英社インターナショナル新書、2022年参照）。

1920年代のケインズは、疲弊したイギリス産業（かつての花形産業であった綿業や石炭業など）を立て直すには、今日でいう「産業政策」や「産業調整」などを必要とすると考えていたが、それはふつう「国内生産力の増強策」、つまりサプライサイドの政策だと捉えられている。だが、サプライサイドの強化は、その前にディマンドサイドの拡大を伴わなければ長続きしないというのが、『一般理論』から得られる知見ではないだろうか。

その場合、ディマンドサイドの軸となる「投資」は、無駄なものではなく、シュンペーター的な革新投資でなければならない。革新投資は、当面の有効需要の増大にもなるが、長期的にはサプライサイドを刷新し、国内生産力の増強にもつながる。そして、強化されたサプライサイドからさらに有効需要が生み出されるのが理想的な展開である。このような「有効需要の増強→サプライサイドの刷新→さらなる有効需要の発生」という発想を、吉川洋氏（東京大学名誉教授）は、「有効需要とイノベーションの好循環」と表現したが（『いまこそ、ケインズとシュンペーターに学べ――有効需要とイノベーションの経済学』ダイヤモンド社、2009年、参照）、それは「ケインズとシュンペーターの総合」と言い換えてもよい。もちろん、生前、二人の天才のあいだにはほとんど学問的対話がなかったので、このような方向性は示されなかった。第5章で詳しく取り上げるシュンペーターも、マーシャルやケインズへの批判の側面が大きく出てくるはずだが、「投資の社会化」を軸に両者をつなぐ解釈は、イギリスの著名なポスト・ケインジアン、ニコラス・カルドア（１９０８―86）の所説からも示唆されるのである（Nicholas Kaldor, *Further Essays on Economic Theory and Policy*, 1989, p.72）。

＊1 伊藤宣広『現代経済学の誕生――ケンブリッジ学派の系譜』（中公新書、２００６年）参照。

＊2『ケインズ全集 第7巻 雇用・利子および貨幣の一般理論』塩野谷祐一訳（東洋経済新報社、１９８３年）xxvページ。傍点は引用者。

＊3 マーシャルの『経済学原理』は、何度か触れたように、パブリックドメインに入っているので、以下を参照。https://oll.libertyfund.org/title/marshall-principles-of-economics-8th-ed

＊4『ケインズ全集 第7巻 雇用・利子および貨幣の一般理論』、前掲、１５９ページ。

＊5 同前、２０７ページ。

＊6 同前、３７９ページ。傍点は引用者。

＊7 同前、３８１‐３８２ページ。

第5章

# 大英帝国の経済学支配への挑戦

ヨーゼフ・アロイス・シュンペーター

シュンペーターは、ケインズと並んで、20世紀経済学の天才と言ってもよい。日本では、特殊な事情から、戦前から彼の人気は高く、著作も近代経済学研究を志した若者たちによく読まれていた。

シュンペーターの一作目、『理論経済学の本質と主要内容』(1908年)はごく最近まで英語版はなかったが、日本ではいち早く、木村健康・安井琢磨両氏によって翻訳された(日本評論社、1936年)。現在では、大野忠男氏も加わった三氏による翻訳が岩波文庫から刊行されているが[*1]、その「訳者あとがき」において、安井琢磨(1909―95)は次のように述べている[*2]。「シュムペーターは二十世紀初頭のドイツの学界を考慮して本書を書いたが、リーフマン、ディール、オッペンハイマー、シュパン、ゴットル等々が読まれていた三十年代初期の日本の学界は、シュムペーターの念頭にあったドイツの状況とそれほど違ったものではなかったのである」と。

当時の日本では、いまでは、経済学部の1年生でも知っているようなレオン・ワルラス(1834―1910)の一般均衡理論(ワルラスは「純粋経済学」とも呼んでいた)は根づいていなかった。シュンペーターは初期からワルラスの一般均衡理論の意義をきわめて高く評価していたので、一作目の主な狙いは、その根本的な思考法をドイツ歴史学派の支配下にあったドイツ語圏の学界に紹介しようとしたものだった。

ところが、戦前、ボン大学教授時代のシュンペーターのもとに、日本から二人の有能な若手研究者、中山伊知郎（1898―1980）と東畑精一（1899―1983）が派遣された。とくに、中山伊知郎はシュンペーターからワルラスの純粋経済学の意義を叩き込まれたので、帰国後、『純粋経済学』（初版は1933年）という広く読まれた名著を書き、黎明期の理論経済学の代表的な学者になっていく。

当時の欧米の経済学界に「法皇」のごとく君臨していたのは、第1章で詳述したように、『経済学原理』（初版は1890年）の著者でケンブリッジ学派の創設者、アルフレッド・マーシャルだった。ところが、日本では、中山のように有能で影響力のある学者が、シュンペーター仕込みのワルラスの一般均衡理論を説いていたので、爾来、少なくとも理論経済学の世界では、マーシャル経済学よりはワルラス経済学のほうが欧米よりも早く「スタンダード」として根づいていく。このような特殊事情があったがゆえに、シュンペーターが経済学の主流を押さえていたマーシャルやケンブリッジ学派に対抗して思想を形成していくという重要なポイントが等閑視されやすくなってしまった。だが、それでは、シュンペーター理解がやや一面的になるので、以下は、その点に留意しながら解説していきたい。

## Ⅰ「静態」と「動態」

シュンペーターの『経済発展の理論』（初版は1912年、第2版は1926年）は、初期にワルラスの一般均衡理論を研究していた彼が、ワルラス体系の「静学」（「時間」のない理論）的性格に失望し、それを克服するための苦闘の末に到達した金字塔である。[*3] 私は、現在でも、この著作がシュンペーター畢生の名著だと高く評価している。

シュンペーターは、一作目『理論経済学の本質と主要内容』において、ドイツ語圏の学界には真価が理解されていなかったワルラスの一般均衡理論をきわめて高く評価し、その普及に努めたという意味で「ワルラシアン」であったと言ってよい。

ワルラスの一般均衡理論は、「完全競争」（消費者や企業が多数存在し、生産物も同質的で十分に情報が行き渡っており、参入・退出の自由が保障されていること）を仮定したときの価格決定理論であり、一般均衡状態ではすべての市場における需要と供給が等しく、価格は生産費に等しくなる。だが、シュンペーターの眼には、それは「日付」のない経済数量間の相互依存関係を連立方程式体系で提示した「静学理論」（static theory）であり、その適用範囲は「静態」（stationary economy）までだという限界があると映った。「静態」とは、わかりやすくいえば、静学理論で決まった一般均衡状態が年々歳々繰り返される経済だと考えればよい。経済学史の例でいえば、ケネーの『経済表』やマルクスの「単純再生産」の世界である。だが、「静態」にとどまる限り、技術や組織の変革などによって生じる「動態」の世界には踏み込めない。シュンペーターは、ワルラスをあれほど尊敬し、一作目を謹呈したあと、生涯に一度だけ晩年のワルラスに実際に会う機会があったのだが、そのときの感想（そして失望感）を次のように記している。*4

「ワルラスに対して、私たちは、経済体系の概念と、私たちの学問の歴史において初めて経済諸量間の相互依存の純粋論理を有効に包含する理論的装置を負っている。しかし、私が初期にワルラスの概念とワルラスの方法を研究したとき、私は、それが厳密に静学的性質をもつばかりでなく、静態的過程にのみ適応できるに過ぎないことを発見した。……静態的過程が変化することがあるとすれば、それは、例えば自然の災害、戦争、その他のように、体系にとっては外的な出来事の影響を受けるためである。ワルラスは次のように言ったに違いない（実際、私は一度だけ彼と話をする機会を得たが、そのとき彼はそう言った）。すなわち、もちろん、経済生活は本質的に受動的であって、それに働きかけているかもしれない自然的および社会的影響に対して、単にそれ自身を適応させるに過ぎないので、静態的過程の理論が、事実上、理論経済学の全体を構成するものであり、経済理論家として、私たちは歴史的変化を説明する要因についてはおおくを語ることができず、単にそれらを記録しなければならないだけである、と。古典派と同じように、彼も人口の増加や貯蓄の増加については例外を認めたであろう。しかし、これらは体系の与件の変化を導入するに過ぎず、新しい現象を何も付け加えるものではないだろう。私は、これは間違っており、経済体系のなかには、達成されうる均衡をそれ自身で攪乱するエネルギーの源泉があると強く感じた。」

ワルラス経済学には、動態的分析が欠落している――このように認識したとき、彼は自分の問題意識がマルクスのそれに類似していることに当初は気づかなかったという。『経済発展の理論』の「日本語版への序文」の記述をどの程度信用してよいかという問題はあるだろうが、学生時代からマルクス主義の文献を渉猟し、有能なマルクス主義者の友人ももっていたシュンペーターが、「経済発展を経済体系それ自身によって生み出される独自の過程として捉えるヴィジョン」[*5]を提示していたマルクスに惹かれた可能性は十分にありうると思われる。シュンペーター思想形成におけるワルラスとマルクスという二人の影響を重く見るのは、わが国におけるシュンペーター解釈の通説と言ってもよい。

さらに私が付け加えるとすれば、静態から動態へと進むとき、シュンペーターが同時に当時の正統派であるマーシャル経済学への挑戦を意図していたことである。この点はすでに「はじめに」でも触れておいたが、以下、必要に応じて、シュンペーター理解に資するところで解説を加えたい。

さて、シュンペーター理論の出発点は、「静態」であった。彼は、「静態」を厳密に再構成することから、『経済発展の理論』の筆を起こしている。

一国における生産過程とは「生産的諸力の結合」によって生産物を産出することだが、生産的諸力は「物質的なもの」と「非物質的なもの」に分けられる。前者は「労働」と「土地」という本源的生産要素である。シュンペーターは、「生産された生産手段」は、独立の生産要素ではなく、いわば「潜在的消費財」かその一部と見なしているが、これはオーストリア学派の「帰属理論」の考え方である。シュンペーター理論に見られるオーストリア学派の痕跡は、ほとんどこの部分に限られる。[*6] 他方、後者は「技術」と「社会組織」であるが、「静態」においては所与と見なされる。

「静態」の世界では、経済主体（具体的には、本源的生産要素の所有者である労働者と地主）は、経済体系にとっての「与件」（資源・人口・技術・社会組織）に対して受動的に適応しているに過ぎない。というとすぐに気づくだろうが、「静態」には、本当の意味での「企業家」と「資本家」が存在しない。シュンペーター理論においては、企業家と資本家は、「静態」から「動態」

へと移る瞬間に登場するのである。このような理論構成の含意は、のちに明らかとなるだろう。「静態」には企業家と資本家が不在なので、彼らに特有の所得（企業家利潤と資本利子）は存在せず、すべての生産物価値は、労働用役と土地用役の価値の合計に等しくなる。

それでは、このような「静態」は、いかにして「動態」へと移行するのだろうか。正統派経済学（マーシャル経済学がその代表と言ってもよい）では、人口の増加や貯蓄の増加などがその契機を与えるとされていたが、シュンペーターは、それらは質的に新しい現象ではなく、自然的与件の変化によって生まれるのと類似の適応過程を惹き起こすに過ぎないと考えた。シュンペーターは、次のように言っている。[*7]

「われわれがこのような扱いをする理由は、これらの年々の変化はきわめてわずかであり、したがって静態的考察方法の適用を妨げないからである。それにもかかわらず、これらの変化の発生はしばしばわれわれの意味での発展の条件となる。しかし、たとえこれらが発展を可能にすることがあるとしても、自分自身の中から発展を創造するのではない。」

つまり、「動態」となるには、人口の増加や貯蓄の増加などのような単なる量的な拡大ではなく、なにか経済体系の内部から生まれた創造的な変化が必要なのである。そして、それは、シュンペーターによれば、「静態」では所与と仮定された技術と社会組織の変化であり、しかもその「非連続的」な変化であるという。この「非連続性」の強調は、シュンペーター理論の特徴なので、しっかり押さえておきたい（column **発展の非連続性について**）。「はじめに」で述べたように、このような思想は、連続的な経済発展のヴィジョンを抱いていたマーシャルの資本主義観と鋭く対立するものだからだ。彼は、『経済発展の理論』英語版への注釈のなかで、注目に値する説明を加えている。*8

「経済生活は変化するものであり、一部分は与件の変動のために変化し、経済はこれに対して適応する傾向がある。しかし、経済の変化はこれだけが唯一のものではない。このほかに、与件に対する経済体系外からの影響によっては説明されないで、経済体系内から生ずる変化がある。この種の変化は多くの重要な経済現象の原因であって、それについて一つの理論を樹立するに値すると思われ、そしてそのためには、この現象を他の変化の要因から孤立させるべきであろう。著者自身が使い慣れている別のいっそう正確な定義を付け加えておきたい。すなわち、われわれが取り扱おうとしている変化は経済体系の内部から生ずるものであり、それはその体系の均衡点を動かすものであって、しかも新しい均衡点は古い均衡点からの微分的な歩みによっては到達しえないようなものである。郵便馬車をいくら連続的に加えても、それによってけっして鉄道をうることはできないであろう。」

勘のよい読者ならすでに予想しているだろうが、このように「非連続的」で質的に異なる変化を経済体系にもたらすのが、「企業家」による「新結合」(のちに英語で物を書くようになってから、シュンペーターは「イノベーション」という言葉を使うようになった)の遂行なのだ。前に、生産過程とは「生産的諸力の結合」のことだと述べたが、ここから、「新結合」とは「生産的諸力の結合の変更」を意味することがわかるだろう。そして、それは、具体的には、次の五つの場合を含んでいる。[*9]

(1) 新しい財貨、あるいは新しい品質の財貨の生産
(2) 新しい生産方法の導入
(3) 新しい販路の開拓
(4) 原料あるいは半製品の新しい供給源の獲得
(5) 新しい組織の実現(トラストの形成や独占の打破など)

この意味での「新結合」の担い手が、シュンペーターの「企業家」である(訳書によっては「企

業者」となっているので、引用の場合はそれに従うが、本文では「企業家」を使いたい）。留意すべきは、シュンペーターが、「静態」から「動態」に移行する瞬間に颯爽として登場する「企業家」と、「静態」において循環の軌道に従っているに過ぎない経営管理者とを峻別していることである（「静態」には厳密には労働者と地主しか存在していないので、経営管理者は監督労働をおこなう労働者の範疇に入ると考えればよい）。彼は、「だれでも『新結合を遂行する』場合にのみ基本的に企業者であって、したがって彼が一度創造された企業を単に循環的に経営していくようになると、企業者としての性格を喪失する」と言っている。*10

「静態」における経営管理者は、ワルラスの一般均衡理論が示唆したように、利潤も稼がなければ損失も被らない存在に過ぎないが、「企業家」が颯爽と登場し、「新結合」の遂行に成功したとたん、つまり「動態」が始動し始めると、初めて労働者にも地主にも帰属しない所得（企業家利潤）が発生する。企業家利潤が動態的現象だというのは、シュンペーター理論の特徴なので、頭に叩き込んでほしい。ただし、利潤は、真っ先に「新結合」に成功した「企業家」に続いて、それを模倣する者が大勢現れるにつれて減少し、ついには消滅するだろう。それゆえ、利潤は、賃金や地代のような永続的な所得範疇には入らない。

シュンペーターは、さらに、「新結合」を別の角度から、「生産手段ストックの転用」としても定義できると言っている。この意味は、前に触れたように、「動態」は人口の増加や貯蓄の増加などの単なる量的な拡大ではなく、現にある生産手段の結合の仕方の変更から生じるということである。この部分もきわめて重要である。*11

「時間の経過とともに徐々に連続的に現われる一国の生産手段ストックの増加や欲望の増大は、数世紀にわたる経済史の経過の説明にとってはもちろん重要なことである。しかし発展の機構にとっては、これらは現存する生産手段の転用という要因の背後にまったく隠されてしまう。そのうえ、いっそう短い期間の観察においては歴史的経過に対してすらこれらは説明の役に立たない。たとえば過去五十年間の世界経済の外貌を変化させたものは、貯蓄や利用可能な労働量の増加そのものではなくて、その転用に他ならなかったのである。とくに人口の増加や、さらに貯蓄を生む収益源泉の増加の大部分は、そのときどきに存在する生産手段の転用によってそもそも始めて可能になった。」

さて、では、この生産手段の転用に資金を供給するのは誰なのだろうか。正統派経済学では、貯蓄が資本蓄積につながり、それがシュンペーターの意味での生産手段の転用の資金を賄うというルートを考えるのがふつうだ。ところが、「静態」の世界には貯蓄も資本蓄積もないので、そのための資金などは用意されていない。そこで、シュンペーターは、銀行の信用創造に注目し、

「企業家」が「新結合」を遂行しようとして颯爽と現れると同時に、そのための資金を供給する「銀行家」も舞台に現れるという設定を構想した。シュンペーターの用語では、「新結合」のための資金を供給する「銀行家」こそが唯一の資本家であり、マルクスのように「生産手段の所有者」を指して資本家とは呼ばない。そして、資本家に特有の所得である利子も、新結合に成功した企業家が獲得した利潤から支払われるという意味で、動態的現象なのである。シュンペーターは、「企業家」の「新結合」を資金面でサポートする「銀行家」の役割をきわめて高く評価している。*12

　「銀行家は単に『購買力』という商品の仲介商人であるのではなく、またこれを第一義とするものでなく、なによりもこの商品の生産者である。しかも現在ではすべての積立金や貯蓄はことごとく銀行家のもとに流れ込み、既存の購買力であれ新規に創造される購買力であれ、自由な購買力の全供給はことごとく彼のもとに集中しているのがつねであるから、彼はいわば私的資本家たちにとって代り、彼らの権利を剥奪するのであって、いまや彼自身が唯一の資本家となるのである。彼は新結合を遂行しようとするものと生産手段の所有者との間に立っている。社会的経済過程が強権的命令によって導かれていない場合にのみいえることであるが、彼は本質的に発展の一つの現象である。彼は新結合の遂行を可能にし、いわば国民経済の名において新結合を遂行する全権能を与えるのである。彼は交換経済の監督者である。」

数理経済学の分野で世界的な業績をあげ、ＬＳＥ（London School of Economics and Political Science）の教授をつとめた森嶋通夫（１９２３─２００４）は、「企業家」と「銀行家」の関係を「資本主義の正副操縦士」と呼んでいるが、まさに核心を突いた言葉である。[*13]

シュンペーター理論では、「企業家」（新結合を遂行する人間）と「銀行家」（新結合に資金を提供する人間）は峻別されなければならない。シュンペーターは、スミスからマーシャルに至るイギリスの正統派経済学において、この両者の区別が曖昧だったことに批判的だった。ときどき、シュンペーター理論では、企業家が新結合の遂行に失敗したとき、そのリスクは誰が負うと考えていたのかと質問されるが、シュンペーターは、そのリスクはすべて「銀行家」が負担するとはっきりと答えている。それゆえ、「銀行家」は「企業家」に新結合のための資金を提供する場合、そのプロジェクトの将来性や「企業家」の資質などについての厳正な評価を下す必要があるのだ。先の引用文にある、「交換経済の監督者」という言葉には、そのような意味も含まれる。シュンペーターの「企業家」は「危険負担者」ではないという考え方はまだ正確に理解されていないので、以下を丁寧に読んでほしい。[*14]

「企業者はけっして危険の負担者でない。このことはわれわれのいくつかの例によってまったく明らかである。もし事が失敗すれば、損失を蒙るのは信用供与者である。なぜなら、企業者がもっているかもしれない財産が保証になるとしても、そのような財産の所有は多少の役には立つけれども、なんら本質的なものではないからである。しかし企業者が以前の企業者利潤から自己金融をするか、あるいは彼が彼の『静態的』経営の生産手段を用いるとしても、危険は企業者としての彼にかかるのではなく、貨幣貸与者ないし財貨所有者としての彼にかかるのである。危険を引き受けることはいかなる場合にも企業者機能の要素ではない。彼は自分の名声を危険に曝すかもしれないが、失敗の直接経済的な責任は彼にかかるのではない。」

ところが、『経済学原理』を読む限り、マーシャルの「企業家」は、実態に即して現に存在する「企業家」の仕事（生産の方向づけとそれに伴う危険負担、仕事の全般的な計画の設計と細部の監督、等々）が列挙してあるのだけれども、[*15] シュンペーターの眼には、何が他の経済主体とは決定的に異なる「企業家」機能の本質であるかについて、曖昧に見えたのである。それゆえ、シュンペーターは、その点をまさに突いたのである。[*16]

「ただわれわれがこの定義（マーシャル学派の企業者の定義）を承認できない理由は次の点に

ある。すなわち、われわれの問題とするところはまさに、企業者活動の特徴を他の活動から区別し、これを特殊な現象たらしめる本質的な点にあるのに対して、彼の場合にはこの点が多くの日常的事務管理の中に埋没しているからである。」

ここで、少し横道に逸れて、理論というよりは企業家像をめぐるシュンペーターの社会学的考察を紹介しておきたい。というのは、「尋常なひと」ではない「企業家」の要件や動機づけについての議論が、シュンペーターが頭に描いた理想的な企業家像を鮮明にすることに役立つからであり、しかも、のちの著作においてそれが衰退していくことを予見し始めた理由を知るヒントにもなるからである。

シュンペーターは、「企業家」の用件を三つ挙げている。第一に、「企業家」は「静態」から「動態」へと移る瞬間に登場するわけだが、その時点で従来の慣行が通用しない世界に乗り出すために将来に対する鋭敏な感覚をもっていなければならないだろう。シュンペーターは、それを「洞察」と表現している。*17

「一定の戦略的位置にある場合、ある軍事行動をとるために必要な条件が欠けていても、そのまま行動を開始しなければならないのと同じように、経済生活においても起こるべき事態が詳細に知られていなくても、行動を始めなければならない。ここでは成果はすべて『洞察』にかかっている。それは事態がまだ確立されていない瞬間においてすら、その後明らかとなるような仕方で事態を見通す能力であり、人々が行動の基準となる根本原則についてなんの成算ももちえない場合においてすら、またまさにそのような場合においてこそ、本質的なものを確実に把握し、非本質的なものをまったく除外するような仕方で事態を見通す能力である。」

第二に、「静態」から「動態」へ移るには、従来とは違う「新しい」ことを導入しなければならないので、慣行的判断を捨てて意志を違った方向に向けなければならない。シュンペーターは、次のように言っている。[*18]

「新しいことをおこなおうとする人の胸中においてすら、慣行軌道の諸要素が浮かび上り、成立しつつある計画に反対する証拠を並べ立てるのである。意志を新しく働かし、その方向を変えることは次のような事情によって必要となる。日常の仕事と配慮の中から、すでにその中に含まれているもののほかに、新結合の立案と完成のために必要な余地と時間を搾り出すためには、また新結合を単なる夢や遊戯ではなく、実際に可能なものとみなしうるようにするためには、意志の新しい違った使い方が必要となってくる。このような精神的自由は、日常的必要をこえる大きな力の余剰を前提としており、それは独特なものであり、その性質上稀なものである。」

第三に、「静態」から「動態」へと移るには、従来の慣行が通用しない、「新しい」ことを試みなければならないのだが、慣行に慣れた人々は「新しさ」に対してつねに警戒的な態度をとるものだ。それゆえ、シュンペーターは、「一般にあるいはとくに経済面で新しいことをおこなおうとする人々に対して向けられる社会環境の抵抗」にあった場合、それを克服するのが「企業家」たるべき者の要件だというのである。[19]

シュンペーターは、「企業家」の動機づけについても、興味深いことを三つ挙げている。1931年、彼が来日したとき、ヘンリー・フォードのT型フォード車をイノベーションの例に挙げていたが、フォードのような野心的な「企業家」がアメリカに「自動車王国」を創り上げようという動機をもったとしても不思議ではない。それゆえ、シュンペーターは、「企業家」を突き動かす動機の第一に、「私的帝国を、また必ずしも必然的ではないが、多くの場合に自己の王朝を建設しようとする夢想と意志」[20]を挙げるのである。

第二は、他人を打ち負かしてやろうという「勝利者意志」[21]である。「企業家」の動機づけすべてに当てはまるが、シュンペーターは、真の「企業家」は、今日の初歩的な教科書で必ず習うような「利潤最大化」のみで動機づけられるのではないことを強調したいのだ。

第三は、「創造の喜び」[*22]である。T型フォード車でも、ソニーのウォークマンでも、あるいは現代ならスティーブ・ジョブズのiPhoneでもよいが、「企業家」はそれらを創るという行為それ自体に喜びを感じ、その過程でいくら辛酸を舐めようと一向にかまわない、そんな人間である。シュンペーターも、この動機は重要なので、次のように敷衍している。[*23]

「これは一方では行為そのものに対する喜びである。『単なる業主』が一日の労働を辛うじて終えるのに対し、われわれの類型はつねに余力をもって他の活動領域と同じように経済的戦場を選び、変化と冒険とまさに困難そのもののために、経済に変化を与え、経済の中に猪突猛進する。他方では、それはとくに仕事に対する喜び、新しい創造そのものに対する喜びである。それがそれ自体独立した喜びであるか、行為に対する喜びと不可分のものであるかは問題ではない。この場合にも、財貨獲得の『意味』を構成する根拠から、またこの根拠の法則にしたがって財貨が獲得されるのではない。」

以上、準備段階が長くなったが、ここまでくれば、シュンペーター『経済発展の理論』の最も簡潔なモデルを理解するのは難しくはない。

出発点は、何度も触れた「静態」である。この世界に突然変異のごとく、天賦の才能に恵まれた「企業家」が颯爽と登場し、「銀行家」の資金援助（信用創造）を受けて「新結合」を遂行する。「動態」が始動し始める。「新結合」が成功すれば、「企業家」は労働者にも地主にも帰属しない「利潤」を獲得することができる（動態利潤説）。この「利潤」から「銀行家」への「利子」が支払われるので、「利子」もまた動態的現象である（動態利子説）。

ところが、誰かが「新結合」に成功したことが知れると、それを模倣する者が大量に現れるようになり、「新結合」が「群生」するようになる。「銀行家」の信用創造も拡大する。いつの時代でも、最初に「新しい」可能性に気づき、それを「新結合」にまでもっていくのはごく少数（極端な場合は一人）である。彼は大変な苦労をして「新結合」を成就させる。しかし、いったん彼が道を開いたあとは、その方法を模倣し、より容易に「新結合」を遂行することができるようになる。そして、「新結合」の「群生」が、経済体系を「好況」へと導くのである。

だが、もちろん、好況は永遠には続かない。「企業家」は「銀行家」から資金を借りているので、いずれその債務（利子＋元金）を返済しなければならない。信用収縮期に入る。さらに、「新結合」の成果として新しい財貨が市場に出回るようになると、需給関係から価格水準が低下していくので、利潤が圧縮されていく。このような現象は、経済体系が「新結合」によって創造された新事態に対して適応しつつあるときに見られるものであるが、これが「不況」に他ならない。この過程は、経済体系の適応が完了し、再び「静態」に戻るまで続く。ただし、新しい「静態」は、「新結合」の成果としての「発展」（実質所得の上昇）を体現している点で、古いものとは区別される。

以上が、ワルラスから出発し、マルクスの動態的ヴィジョンに学びつつ、マーシャル経済学の覇権への挑戦を心に秘めたシュンペーターの『経済発展の理論』のエッセンスである。シュンペーター理論は、マーシャルの愛弟子でケインズ革命を成し遂げたケインズ批判にもつながっていくが、これは節を改めて論じていくことにしよう。

column 1

## 発展の非連続性について

シュンペーターが『経済発展の理論』を構想しつつあったとき、彼が経済発展を連続的なものとみなしたマーシャルを非常に意識していたことは、すでに何度も触れた。初期にワルラスの一般均衡理論から出発した彼は、まもなく、その体系の適用範囲が「静態」に限られることに気づき、真の「動態」の構想へと進んでいったが、通説では、彼に資本主義の「動態」的本質にヒントを与えたのは、「資本の運動法則」を解明したマルクスであったとされている。この解釈は決して間違ってはいない。ワルラスとマルクスが、シュンペーターにとって、『経済発展の理論』を執筆するときの偉大な先達であったことは、日本語版への序文でも明確に触れられていた。

だが、私は、もうひとつ、彼が同時に、当時の世界の経済学界の頂点に立っていたマーシャル批判を目論んだことを以前から強調してきた。マーシャルは、第1章で述べたように、需給均衡理論の業績で知られているが、それは「力学的アナロジー」に基づく有用な分析装置ではあったが、経済学はゆくゆくは「生物学的アナロジー」に基づく「動学的進化」(彼の言葉では、「有機的成長理論」)をメインテーマにする方向に進むべきだと考えていた(「生物学」を持ち出したのは、明らかにダーウィンの進化論の影響である)。だが、樹木の成長や企業のライフサイクルなど、その「ヒント」のようなものはいくつかの著作や論文に出ているが、一つの理路整然とした「モデル」を提示するまでには至らなかった。シュンペーターは、生涯を通じて、このような有機的成長理論のアイデアを批判している。

「スミス=ミル=マーシャル理論においては、経済は樹木のように成長する。この過程は、疑いもなく、経済的でない、あるいは厳密にはそうではない外的要因による撹乱にさらされている。しかし、その過程それ自体は、一定速度で連続的に進行する。それぞれの情勢は、先立つ情勢から唯一の決定的な様式で生成する。諸個人の行動は結合してそれぞれの情勢を形成するのだが、彼らは個別的には樹木の個々の細胞がもっているだけの重要性しかもたない。与えられた刺激に対するこのような反応の受動性は、とくに、『資本』の蓄積にまで及んでいる。すなわち、家計と企業は機械的なやり方で貯蓄し、貯蓄したものを一定の投資機会に投資するのだ。」(J. A. Schumpeter, "Theoretical Problems of Economic Growth," *Journal of Economic History Supplement*, 1947, p.7)

だが、このような思考法は、経済分野における「創造的反応」、シュンペーターの言葉では「企業家」による「新結合」(イノベーション)を蔑ろにしている。「経済発展」を正面から論じるには、それを避けて通ることはできないし、マーシャルその他がイノベーションを十分に認識していたとしても、それを「モデル」の中心に組み込んでいない限りは、それを無視しているに等しい。シュンペーターはそのように考えたに違いない。それゆえ、彼は、早くも1910年の論文のなかで、次のように述べたのである。

「経済発展の本質は、以前には定められた静態的用途にあてられていた生産手段が、この経路から引き抜かれ、新しい目的に役立つように転用されることにある。この過程を、私たちは新結合の遂行と呼ぶ。しかも、このような新結合は、静態における慣行の結合のように、いわばおのずからそれ自身を貫徹するものではない。それらは、少数の経済主体にのみ備わっている知力と精力を必要とする。このような新結合を遂行することにこそ、企業家の真の機能がある。」(J. A. Schumpeter, "Über das Wesen der Wirtschaftskrisen," *Zeitschrift für Volkswirtschaft, Sozialpolitik und Verwaltung*, 1910, S.284)

そして、シュンペーターは、本文で述べたように、「企業家」による「新結合」の遂行は、樹木の成長のように連続的ではなく、意表を突くがごとく非連続的に生じるのだと言うのである。彼が徹底してマーシャル経済学を標的にしていることは明白である。

## II ケインズへの対抗心

シュンペーターとケインズは、ともに20世紀が生んだ天才経済学者である。その評価は、人によって好みがあったとしても、いまだに揺るぎないものである。ケインズは、『一般理論』を書いたことによって、学界に「ケインズ革命」と呼ばれるほどの旋風を巻き起こしたが、シュンペーターは、ケインズの新理論を正確に理解しながらも、それが「短期の想定」を置いているがゆえに、「企業家」による「新結合」の遂行によって絶えず生産関数が破壊されてきた資本主義の本質を捨象しているように思えた。『一般理論』は、いわば「生産関数不変の経済学」だというのである。[*24]

シュンペーターは、ケインズが亡くなったあとで、比較的長い追悼論文を書いているが、そのなかに、きわめて重要な指摘があるので、丁寧に読んでみてほしい。[*25]

「『平和の経済的帰結』のなかに初めて現れたケインズの社会的ヴィジョンとは、すなわち、投資機会が衰えているにもかかわらず貯蓄習慣は存続しているという、経済過程に関するヴィジョンだが、それは、理論的には、『雇用・利子および貨幣の一般理論』（序文の日付は、1935年12月13日）において、三つの表概念によって分析道具を提供された。その三つとは、消費関数、資本の［限界］効率関数、そして流動性選好関数である。この三つは、所与の賃金単位と同じく所与の貨幣量と相まって、所得を『決定』し、その結果、雇用を決定する（もし後者が前者によって一意的に決定されるならば、またその限りにおいてだが）。ここで、所得と雇用こそは、『説明』されるべき二大従属変数に他ならない。これほど乏しい材料からこんなソースを作るとは、なんと一流の料理人であることか！」

シュンペーターは、『一般理論』の背後にある社会的ヴィジョンは、第一次世界大戦後に発表された『平和の経済的帰結』（1919年）のなかにすでに登場していると見抜いていた。投資機会がほとんど消滅しているにもかかわらず、ブルジョアの貯蓄意欲だけは衰えていないとすれば、ケインズの投資と貯蓄による所得決定理論を思い出せばすぐわかるように、経済停滞に陥るだろう。シュンペーターは、別のところで、「経済停滞のヴィジョン」という表現もよく使っている。

だが、その「ヴィジョン」を「分析」へと昇華させるには、天才ケインズでも多くの時間が必要だった。『一般理論』に至って、ようやくケインズは「ヴィジョン」を「分析」に移し替える道具を得た（colum2 **「ヴィジョン」と「分析」**）。すなわち、雇用量は「短期の想定」のもとでは、所得と一意的な関係にあるので、所得が決まれば雇用量も決まる。賃金単位と貨幣量は所与なので、三つの関数（消費関数、資本の限界効率関数、流動性選好関数）があれば、（IS/LM のように）所得と利子率が決定されるので、「万事めでたし」というわけである。

先の引用文（「これほど乏しい材料からこんなソースを作るとは、なんと一流の料理人であることか！」）にあるように、シュンペーターは、経済理論家としてのケインズの腕に感嘆の声を漏らしてさえいる。実際、ケインズの愛弟子のなかには、「シュンペーターはケインズに嫉妬していたのだ」という趣旨の文章を残している者もいるくらいだ。[*26]

シュンペーターが俎上に乗せた「経済停滞のヴィジョン」は、『一般理論』における「豊富のなかの貧困」についての記述に現れているように思われる。つまり、一国の経済が「潜在的な豊かさ」を実現する能力があるにもかかわらず、有効需要の不足によって「現実の貧困」に喘いでいる、ということだ。ケインズは次のように巧く表現していた。[*27]

「……社会が豊かになればなるほど、現実の生産と潜在的な生産との間の差はますます拡大する傾向にあり、したがって経済体系の欠陥はますます明白かつ深刻なものとなる。なぜなら、貧しい社会はその産出量のきわめて大きな割合を消費する傾向にあり、したがって完全雇用の状態を実現するにはごくわずかな程度の投資で十分であるが、他方、豊かな社会は、その社会の豊かな人々の貯蓄性向がその社会の貧しい人々の雇用と両立するためには、いっそう豊富な投資機会を発見しなければならないからである。潜在的に豊かな社会において投資誘因が弱い場合には、その潜在的な富にもかかわらず、有効需要の原理の作用によって社会は現実の産出量の減少を余儀なくされ、ついには、その潜在的な富にもかかわらず、社会はきわめて貧しくなり、消費を超える余剰は投資誘因の弱さに対応するところまで減少することになる。」

「経済停滞のヴィジョン」は、ウォール街の株価大暴落（1929年10月）以来、世界経済を不況のどん底に陥れた暗い雰囲気を見事に捉えていたので、ケインズの『一般理論』の出版とも相まって、経済学者やエコノミストの心に重くのしかかった。

だが、1932年からアメリカのハーヴァード大学教授をつとめていたシュンペーターは、ケインズやのちのケインジアンによる大恐慌の説明に全く同意しなかった。前の節で説明したように、シュンペーター理論では、「不況」は、「企業家」による「新結合」の遂行によって創り出された新事態に対して経済体系が「適応」しつつあるときに現れる現象だった。その適応過程は、新たな「静態」が確立するまで続くが、そのまさに適応しつつある経済体系を「人為的」な政策によって歪めるのはよろしくない。博学なシュンペーターは、産業革命以来の経済史に精通していたので、資本主義は1930年代以前に何度も恐慌を経験したものの、そのたびに甦ってきたことをよく知っていた。彼はこんなことを述べている。[*28]

「私はまえにいくつかの産業革命について述べ、それが資本主義過程の顕著な特徴であることを指摘したが、異常に大きな失業は、これらの各産業革命の『繁栄面』に続く適応期間の一特徴にほかならない。それは一八二〇年のものにも、一八七〇年のものにもみられる。そして一九二〇年以後の時期も、この適応期間のいま一つの例にすぎない。そのかぎりにおいては、それは本質的に一時的な現象である。」

1930年代のハーヴァードには、熱烈なケインジアンとなったアルヴィン・H・ハンセン（1887―1975）も教鞭をとっていたが、ハンセンは、ケインズ理論を受容したのみならず、成熟した資本主義国での「投資機会の消滅」を根拠に「長期停滞論」を主張するようになった。[*29]ハンセンが経済停滞の原因と考えたのは、⑴技術革新の低迷、⑵新領地と新資源の発見・開発の終焉、⑶人口伸び率の鈍化、の三つだった。確かに、当時はフロンティアが消滅し、人口伸び率も鈍化していたので、残るは技術革新に期待するほかなかったのだが、ハンセンはその先行きにも悲観的だった。その行き着く先が、経済の長期停滞論だった。

だが、シュンペーターは、ハンセン説には全く同意できなかった。「新結合」が単なる技術革新ではなく、販路の開拓や新組織の実現などを含むより広い概念だということは前に触れたが、たとえ「技術」に限ったとしても、「現在」低迷しているからといって、「将来」もそうであり続けると考える理由は全くない。彼は次のように言っている。[*30]

「技術的可能性は海図に載っていない海に等しい。人はある地理的領域を調査して、一定の農業生産技術に関連してではあるが、個々の区画の相対的肥沃性を評価することもできよう。

技術を一定とし、そのありうべき将来の発展を無視するとすれば、そこでは最初に最上の区画が耕作され、次に二番目によい区画が耕作され、以下同じように行なわれると想像する（これは歴史的には誤りであろうが）こともできよう。この過程のなかの一定時点においては、将来の開発のために残されている区画は相対的に劣ったものにすぎない。けれども、技術的進歩の将来の可能性については、かような仕方で推論することはできない。そのあるものが他のものよりまえに利用されたという事実から、ただちに前者が後者よりいっそう生産的であったと結論することはできない。なお神のふところにあるもののほうが、いままでわれわれの視野にはいってきたものより多少とも生産的であるかもしれない。これはふたたび次のごとき消極的結論をもたらすにとどまるのであって、調査研究や管理の体系化や合理化をつうじて技術的『進歩』がいっそう効果的かつ堅実になっていくとの事実でさえも、これを積極的結論に転化せしめえない。しかしわれわれにとっては消極的結論で十分である。すなわち、技術的可能性の吸い尽くしによって生産量増加率がゆるめられると予期すべき根拠はまったくないということ、これである。」

シュンペーターがこのような批判を展開するのは、ハンセンの「長期停滞論」が資本主義の本質（「企業家」による「新結合」の遂行によって、「好況」と「不況」という景気の回転を繰り返しなが

ら も「発展」を実現してきたこと)を見誤っていると考えたからだが、同様の批判は、「短期の想定」を置いた『一般理論』のケインズにも向けられるものだ。シュンペーターの晩年の名著『資本主義・社会主義・民主主義』(初版は1942年)のなかには、よく引用される有名な文章があるので、味わいながら読んでほしい。[*31]

「内外の新市場の開拓および手工業の店舗や工場からU・S・スチールのごとき企業にいたる組織上の発展は、不断に古きものを破壊し新しきものを創造して、たえず内部から経済構造を革命化する産業上の突然変異――生物学的用語を用いることが許されるとすれば――の同じ過程を例証する。この『創造的破壊』(Creative Destruction)の過程こそ資本主義についての本質的事実である。それはまさに資本主義を形づくるものであり、すべての資本主義的企業がこのなかに生きねばならぬものである。」

シュンペーターとケインズは、20世紀経済学の天才であったことは周知の事実だったが、資本主義の本質をめぐるヴィジョンの違いからくる理論や政策の隔たりが大き過ぎて、生前は生産的な対話ができなかった。

シュンペーターは、マーシャルの時代からケンブリッジ学派を批判し続け、いわば大英帝国の経済学支配を打ち破るくらいの気概をもって、マーシャルとケインズに挑戦したはずである。ところが、残念なことに、『一般理論』がアメリカに上陸すると、ハーヴァードでの彼の教え子たち（彼が「天才」と評した若き日のサムエルソンも含まれる）の多くもケインズ革命を熱烈に支持するケインジアンとなってしまい、彼は学界で孤立することになった。客観的に評価して、大恐慌の現実の前に、シュンペーター理論はケインズ理論に敗れたのである。

通説では、ケインズが「有効需要の原理」と呼ばれるように需要面に集中した反面、シュンペーターは「新結合」（＝「新しい生産関数の設定」）のように供給面に関心をもったとされる。この理解は決して間違いではない。だが、この段階にとどまる限り、ケインズとシュンペーターは、いつまでも「水と油」の関係になってしまう。現在でも、「オールド・ケインジアン」はケインズの権威を借りて不況対策としての財政出動を大声で要求しているが、それに対して、シュンペーターのファンは、企業家活動を妨害する規制の撤廃や重い法人税の減税などを主張する、というように。

ところが、21世紀に入って、わが国の代表的なケインジアン、吉川洋氏（東京大学名誉教授）のように、ケインズとシュンペーターを「有効需要とイノベーションの好循環」という発想で総合する研究者が現れた。*32 つまり、シュンペーターのイノベーションは、単に供給面だけの変革ではなく、新しい財貨の生産が新たな需要を生み出し、需要の増大がさらにイノベーションを誘発するという関係がみられるというのだ。吉川氏は、これを「有効需要とイノベーションの好循環」と表現した。

確かに、ウォークマンにせよiPhoneにせよ、新しい財貨の生産が、もしその需要を掘り起こすことに成功するならば、需要が増大し、そしてそれがさらに新たなイノベーションにつながってきた。わが国の高度成長期も、そのような意味での「好循環」に支えられて実現してきたと言える。もちろん、新しい財貨に対する需要を掘り起こすのも「企業家」の仕事であり、シュンペーターは、次の文章にみられるように、それを正しく認識していたのである。

「……経済における革新は、新しい欲望がまず消費者の間に自発的に現われ、その圧力によって生産機構の方向が変えられるというふうにおこなわれるのではなく――われわれはこのような因果関係の出現を否定するものではないが、ただそれはわれわれになんら問題を提起するものではない――、むしろ新しい欲望が生産の側から消費者に教え込まれ、したがってイニシアティヴは生産の側にあるというふうにおこなわれるのがつねである。これが慣行の軌道における循環の完了と新しい事態の成立との間の多くの相違の一つである。すなわち、供給と需要とをたがいに原理的に独立した要因として対立させることは、第一の場合には許されるが、第二の場合には許されない。この結果として、第一の場合の意味における均衡状態は第二の場合にはありえないことになる。」

もしシュンペーターの「動態」において需要と供給が相互に独立ではないならば、供給→需要→供給のような好循環を考えることは決して的外れではなく、むしろまさに「企業家」による「新結合」の遂行とはそのような「好循環」を可能にするものだったのだ。その意味で、吉川氏によるケインズとシュンペーターの総合の試みは、もっと高く評価されるべきだろう。

だが、シュンペーター本人が、マーシャルとケインズというケンブリッジ学派の巨星に挑戦することによって、大英帝国による経済学支配を打ち破ろうとしたこともまた事実として認識しておかなければならない。彼は、連続的な経済発展のヴィジョンをもったマーシャル経済学を乗り越えることによって、「創造的破壊」という非連続的な発展のヴィジョンを理論化したが、やがてケインズの「有効需要の原理」の登場によって、みずからの不況観を否定され、学界内で孤立した。そのことは、おそらく、彼の自尊心を深く傷つけたに違いない。もちろん、彼はハーヴァードでは「よき教師」として皆に慕われていたが、教え子たちをケインズ革命にさらわれて孤独だったのである。そのような「諦観」の境地が、晩年の彼を資本主義の超長期的な見通しにおいて悲観的にしたと言えなくもない。[*34] だが、シュンペーターの資本主義衰退論は、本書全体を通じて問題にしてきた、「正統と異端のせめぎ合いのなかから革新が生まれる」というメインテーマとは離れるので、別の本を参照してほしい。[*35]

本書は、経済学の流れを二つの代替的な理論体系の対立・抗争の歴史として捉える一つの視点を提供するものだが、もちろん、それ以外の経済学史の方法論を否定する意図はない。どの時代でも、学界の全貌を知るには、微に入り細を穿つ地道な研究が必要である。だが、そのような作業に従事するうちに、私たちが経済学の大きな流れを見失いがちになることもまた事実である。それゆえ、あえて「正統と異端のせめぎ合い」に力点を置いていることに注意を喚起しておきたい。

colum2

## 「ヴィジョン」と「分析」

シュンペーターは、よく知られているように、経済学者の「ヴィジョン」(vision)と「分析」(analysis)を区別した。「ヴィジョン」とは、彼によれば、分析に先行し、分析に原材料を提供する「分析以前の認知活動」のことである(1948年12月、アメリカ経済学会での会長講演「科学とイデオロギー」参照)。例えば、本文で述べたように、ケインズの「ヴィジョン」は、「経済停滞」のヴィジョンであり、それを一つの体系的な「モデル」(しばしば数理的な表現をとる)の形で提示したのが『一般理論』の「分析」である、と。

それに対して、シュンペーターの「ヴィジョン」は、「創造的破壊」のヴィジョンであり、それを理論化したのが『経済発展の理論』の「分析」である。だが、彼は、ケインズと比較すると、「ヴィジョン」を数学的に明快な「モデル」の形で提示することに成功しなかった。ケインズの愛弟子であるリチャード・カーンが、彼はケインズに嫉妬していたのだと言ったのは、ある意味で核心を突いている。シュンペーターは次のようなことを書いているが、どうみても、それはケインズ理論のほうに当てはまるからだ。

「経済学の科学的性質を信じる経済学者が心に抱く最高の願望が成就するのは、次の瞬間だろう。すなわち、彼が、経済過程の本質的特徴をすべて表現する単純なモデルを、少数の適当な数の変数を関連づける、少数の適当な数の方程式によって構築することに成功したときだ、と。」(Joseph A. Schumpeter, "The Decade of the Twenties," *American Economic Review Supplement*, May 1946, in *Essays on Entrepreneurs, Innovations, Business Cycles and the Evolution of Capitalism*, edited by Richard Clemence, with an introduction by Richard Swedberg, 1989, p.213)

シュンペーター理論を数理モデルの形で活かした最近の例は、吉川洋氏の『マクロ経済学の再構築——ケインズとシュンペーター』（岩波書店、2020年）だが、この本を読むには、統計力学の知識が必要である。

＊1　J・A・シュムペーター『理論経済学の本質と主要内容』大野忠男・木村健康・安井琢磨訳（岩波文庫、上・下、1983—84年）。シュンペーターの名前は、訳者によって「シュムペーター」と表記されることもあるが、本文では、引用を除いて、「シュンペーター」で統一したい。

＊2　シュムペーター『理論経済学の本質と主要内容』下巻、訳者あとがき、498-499ページ。

＊3　『経済発展の理論』の初版は1912年、第2版は1926年に出版されている。私は後者の日本語版（岩波文庫版）を一貫して使用する。前者の日本語版も最近出ている（八木紀一郎監訳・荒木詳二訳『経済発展の理論〔初版〕』日本経済新聞出版、2020年）。それは第2版で削除された第7章「国民経済の全貌」を含んでいる点で史料的に価値があるが（とくに経済社会学的な考察に関心のある読者には必読である）、シュンペーターを経済理論家として第一に評価する立場からは、経済社会学的考察のない第2版のほうが彼の真意が伝わると思われるので、私はこちらのテキストを採りたい。

＊4　J・A・シュムペーター『経済発展の理論』塩野谷祐一・中山伊知郎・東畑精一訳、上巻（岩波文庫、1977年）、「日本語版への序文」より（この部分は英文そのままで載っているので、拙訳を掲げる）。傍点は引用者。

＊5 同前。

＊6 オーストリア学派の創設者、カール・メンガーは、消費者の欲望を直接満たすために用いられる財を「一次財」、一次財を生産するために用いられる財を「二次財」……というように分類した。つまり、財は「低次財」（消費財）と「高次財」（生産財）に分けられるわけだが、メンガーは、高次財の価値はそれが低次財の生産にどれだけ貢献したかによって決まると説いた。この考え方を発展させたのが、弟子のフリードリヒ・フォン・ヴィーザーである。

＊7 シュムペーター『経済発展の理論』上巻、175ページ。

＊8 この部分の注釈は、日本語版にも訳載されている。シュムペーター『経済発展の理論』上巻、180ページ。傍点は原著者による。

＊9 同前、183ページ参照。

＊10 同前、207ページ。

＊11 同前、186ページ。

＊12 同前、197-198ページ。

＊13 森嶋通夫『思想としての近代経済学』（岩波新書、1994年）60ページ。

＊14 シュムペーター『経済発展の理論』下巻、24ページ。

＊15 前に触れたように、マーシャルの『経済学原理』はすでにパブリック・ドメインに入っているので、以下を参照のこと。

http://oll.libertyfund.org/titles/marshall-principles-of-economics-8th-ed

企業家精神を軸に経済思想史を整理した本としては、拙著『企業家精神とは何か』（平凡社新書、2016年）がある。

＊16 シュムペーター『経済発展の理論』上巻、205-206ページ。（ ）内は引用者が補った。
＊17 同前、224ページ。
＊18 同前、226ページ。
＊19 同前、226ページ。
＊20 同前、245ページ。
＊21 同前、246ページ。
＊22 同前、246ページ。
＊23 同前、247ページ。
＊24 この点は、彼が書いた『一般理論』への書評のなかで触れられている。J. A. Schumpeter, "Review of The General Theory of Employment, Interest and Money," *Journal of the American Statistical Association*, vol.31 (December 1936).
＊25 J. A. Schumpeter, "John Maynard Keynes 1883-1946," *American Economic Review*, vol.36, no.4 (September 1946), p.510.
＊26 Richard Kahn, *The Making of Keynes, General Theory*, Cambridge University Press, 1984, p.178.
＊27『ケインズ全集 第7巻 雇用・利子および貨幣の一般理論』塩野谷祐一訳（東洋経済新報社、1983年）31-32ページ。
＊28 J・A・シュムペーター『資本主義・社会主義・民主主義』上巻、中山伊知郎・東畑精一訳（東洋経済新報社、1962年）128ページ。原著は1942年に初版が出ているが、この日本語版は、第3版（1950年）を底本にしている。

＊29 Alvin H. Hansen, "Economic Progress and Declining Population Growth," *American Economic Review*, March 1939.
＊30 シュムペーター『資本主義・社会主義・民主主義』上巻、前掲、213‐214ページ。傍点は引用者。
＊31 同前、150‐151ページ。傍点は原著者による。
＊32 吉川洋『いまこそ、ケインズとシュンペーターに学べ——有効需要とイノベーションの経済学』（ダイヤモンド社、2009年）参照。
＊33 シュムペーター『経済発展の理論』上巻、前掲、181‐182ページ。
＊34 拙著『シュンペーター』（講談社学術文庫、2006年）参照。
＊35 拙著『資本主義はいかに衰退するのか——ミーゼス、ハイエク、そしてシュンペーター』（NHKブックス、2019年）参照。

# エピローグ

本書は、「正統と異端のせめぎ合いのなかから革新《イノベーション》が生まれる」というコンセプトを軸に、経済学の歴史を読み解こうとした試みであった。直接の契機になったのは、2022年10月の慶應義塾高等学校での講演だったが、「はじめに」でも述べたように、「正統と異端」という問題意識は大学院生時代から抱いてきたものであり、本書では、そのテーマをマーシャル、スミス、ミル、ケインズ、シュンペーターという五人の経済学史上の巨星を取り上げて論じてみようと思った。

本書を理解するには、並行して、経済学の基礎を学んでいたほうが望ましいので、以下、若干のアドバイスをしておきたい。高大連携の授業で大学の教員が高校生を指導している場合は、基本的にその教員の指導に従ったほうがよい。その上で、経済学の入門書として推薦できるのは、以下のようなものである（＊は高校生には若干レベルが高いもの）。

伊藤元重『ミクロ経済学』第3版（日本評論社、2018年）

神取道宏『ミクロ経済学の力』（日本評論社、2014年）＊
吉川洋『マクロ経済学』第4版（岩波書店、2017年）
伊藤元重『マクロ経済学』第2版（日本評論社、2012年）

著名な外国の学者が書いた教科書は、現在、マンキュー、スティグリッツ、クルーグマンなどの日本語版が利用できる。どれが自分に合うかは、書店で手にとってみて選ぶことをお勧めしたい。

経済学史と経済史の通史としては、次のようなものがある。

ロバート・L・ハイルブローナー『入門経済思想史―世俗の思想家たち』八木甫ほか訳（ちくま学芸文庫、2001年）
根井雅弘『経済学の歴史』（講談社学術文庫、2005年）
根岸隆『経済学の歴史』第2版（東洋経済新報社、1997年）
小野塚知二『経済史』（有斐閣、2018年）
岡崎哲二『コア・テキスト　経済史』増補版（新世社、2016年）＊

日本や世界の歴史は、経済学を学ぶ者すべてにとって必要なものだが、最近では、新書や文庫の形で各時代の優れた啓蒙書が提供されているので、関心のある時代をぜひとも勉強してほしい。最近、高等学校に「歴史総合」という科目が導入されたが、その関連でいうと、私は次のような本を勧めている。

杉山伸也『グローバル経済史入門』（岩波新書、２０１４年）
金井雄一ほか『世界経済の歴史』第2版（名古屋大学出版会、２０２０年）
歴史総合研究会編『講座：わたしたちの歴史総合』全6巻（かもがわ出版、２０２３年）

さて、経済学史は、偉大な経済学者たちの理論や思想の歴史的評価を試みる学問だが、あらかじめ注意を喚起しておきたいのは、「歴史的評価」をおこなうには、ある程度の時間の経過が必要だということである。大学院生の頃、恩師であった菱山泉先生（スラッファ経済学研究の大家）の大津市坂本のお宅で何度か歓談する機会があったが、先生は、「１９６０年に刊行された、スラッファの『商品による商品の生産』の真価が理解されるには少なくとも50年はかかるだろう」と仰った。そのときは、あまりピンとこなかったが、いまでは、その言葉の重みをかみしめるようになった。

例えば、前世紀末のベルリンの壁の崩壊（1989年11月）のあと、ジャーナリズムで自由放任主義をさらに極端にした「市場原理主義」と呼ばれる言葉が流行ったことがあった。これは、煎じ詰めれば、すべての経済問題は市場原理に委ねればうまく解決されるという単純な思想だったが、それは、ある意味で、多くのインテリが夢を抱いた社会主義への期待が大き過ぎて、それを失ったがゆえの幻滅の反映でもあったと思う。その頃の新聞や雑誌を見ると、いかに市場原理主義の影響が大きかったか、誰の目にも明らかである。

もちろん、私は、当時のメディアからの取材に際しては、大学できちんとした経済学の専門教育を受けていれば、単純な市場原理主義者にはならないはずだと言ってきたつもりだ。ミクロ経済学ではちゃんと「市場の失敗」について学び、「資本主義」と言っても実は多様な形態がありうることが比較制度分析などの成果としてすでに周知のものになっていたからだ。だが、大学でも、ベルリンの壁の崩壊の衝撃は、その後10年のうちに「マルクス経済学」という講義名を消滅させ、マルクス主義の影響を受けた歴史家たちの影響力低下などを招いたので、小さくない影響力をもった大事件だったと今にして思う。シカゴ大学のミルトン・フリードマンの影響を受けた経済学者たちが次々にノーベル経済学賞の栄冠に輝いたのも、世間に市場原理主義を拡散するのに与ったはずだ。

そのような時代思潮の影響をもろに受けて、経済学の歴史を書くのは大きなリスクを伴う。あれから30年以上の年月が経った現在、市場原理主義の弊害としての地球環境問題の深刻さやグローバルな富や所得の不平等の問題等々について、私たちは多くを知ることになったが、その時点での流行に左右された歴史ほど恐ろしいものはないと肝に銘じておきたい。

経済学の長い歴史を俯瞰すると、類似の理論や思想が何度も形を変えて甦っていることがわかる。「貨幣数量説」「セイの（販路）法則」「ケインズ主義」等々、枚挙にいとまがない。そのような理論や思想を評価する場合、思想としての類似性と、経済分析の向上を反映した微妙な違いなどを正確に把握する必要がある。だが、これは初歩の段階ではまだ無理な話で、経済理論や経済学史を高度なレベルで学習したあとで初めてわかるようになることである。決して早合点をしてはならない。

本書は、全体として、自分が生きている時代の「正統」を盲信しないこと、「正統」は「異端」とのせめぎ合いのなかで取って代わられたり修正を余儀なくされたりすることを繰り返し強調している。このような視座は、経済学史家の眼にはそれほど奇抜なものでも新規なものでもないはずなのだが、「歴史的視野」が欠けると、現在主流派の経済学のみが歴史上のすべての学説の最上のものをすべて取り込んだ最高レベルにあるのだという根拠なき信仰に陥ってしまいがちだ。経済学の歴史を長く研究していると、それは決して正確な学問の歴史ではないことに気づく。その一点を初歩から入門段階のレベルに上ろうとしているうちに学生たちに伝えたかった。

最後になったが、本書を、山野浩一さんの夕日書房の一冊として刊行できることを本当に光栄に思っている。私は、若い頃から、筑摩書房時代の山野さんに多くの本を担当していただいた。社長を退かれてから、何らかの恩返しがしたいと思っていたのだが、このたび、書き下ろしの一冊を加えてもらうことができた。記して感謝したい。

2023年5月30日

京都大学経済学部研究室にて

根井雅弘

根井雅弘　ねい・まさひろ
1962（昭和37）年、宮崎県生まれ。
早稲田大学政治経済学部卒業、
京都大学大学院経済学研究科修了（経済学博士）。
専攻は現代経済思想史。現在、京都大学大学院経済学研究科教授。
著書に『経済学の歴史』（講談社学術文庫）、
『ケインズを読み直す――入門現代経済思想』（白水社）、
『経済学者の勉強術』『16歳からの経済学』（人文書院）、
『ものがたりで学ぶ経済学入門』（中央経済社）などがある。

装丁　櫻井久、中川あゆみ（櫻井事務所）
カバーイラスト　北原明日香
ロゴデザイン　ささめやゆき

# 経済学《けいざいがく》の学《まな》び方《かた》

将来《しょうらい》の経済学研究者《けいざいがくけんきゅうしゃ》のために

二〇二三年一〇月三〇日　第一刷発行

著　者　根井雅弘《ねいまさひろ》

発行者　山野浩一
発行所　株式会社夕日書房
〒二五一-〇〇三七　神奈川県藤沢市鵠沼海岸二-八-一五
電話・FAX　〇四六六-三七-〇二七八
https://www.yuhishobo.com
発　売　株式会社光文社
〒一一二-八〇一一　東京都文京区音羽一-一六-六
電話　書籍販売部　〇三-五三九五-八一一六
業務部　〇三-五三九五-八一二五
https://www.kobunsha.com/
印刷・製本　精文堂印刷株式会社

 ISBN 978-4-334-10102-2

2021年12月刊

# 資本主義経済の未来

岩田規久男

資本主義は自由と民主主義を守り、人々の生活をもっとも豊かにできるシステムである。だがそれは、さまざまな問題がつきまとうシステムでもある。物価の安定、完全雇用、資源配分の効率性、市場の失敗、所得と富の格差、バブルの発生と崩壊、グローバリズムの影響、景気変動や金融恐慌・大不況への対応、国家財政のあり方、等々。本書では、こうした諸問題について、歴史を紐解きながら徹底検証し、問題の本質がどこにあるかを捉え、改善策を検討し、来るべき資本主義経済の未来を展望する。

定価（本体4500円+税）
ISBN 978-4-334-99011-4
発行:夕日書房　発売:光文社

2023年9月刊

# 経済学の道しるべ

岩田規久男

私たちが暮らす経済社会は、民間活動からなる市場経済と、それを補完・修正する国家活動とで構成されている。重要なのは、後者が、私たちの生活を豊かにし、厚生を増大することができているかという点である。それを見極めるためには、実際に起きている経済現象を正しく理解しなければならない。ところが、新聞・テレビなどの大手メディアやSNSでは、間違った理解に基づく報道・情報が大手を振ってまかり通っている。本書では、経済学の基礎的な知識を学び、経済現象を正しく理解するための「道しるべ」を掲示する。

定価（本体1900円+税）
ISBN 978-4-334-10063-6
発行:夕日書房　発売:光文社

2022年9月刊

## 働くことの意味

中沢孝夫

著者は、高卒から郵便局で働き始め、その後、逓信本部勤務となり、地道な勉強を積み重ね、45歳で退職。と同時に立教大学法学部へ進学。北岡伸一ゼミで学び、卒業後はモノ書きになり、やがて大学教授へ。海外も含めた2000を超える中小企業の調査をもとに、自身の体験を織り交ぜながら、働くこと、学ぶこと、そして生きることを綴るリアルな仕事論。

定価(本体1000円+税)
ISBN 978-4-334-99013-8
発行:夕日書房　発売:光文社

2022年9月刊

# ただ生きる

勢古浩爾

人はなぜ、何のために生きるのか。人生の往相では善く生きるために苦悩し、さまざまな努力を重ねた。でも、70代も半ばを過ぎた人生の還相では、もう余計なものは欲せず、余計なこともしない。「ただ生きる」でよいのでは?　三度の飯をありがたくいただき、一日一日を心静かに暮らす。穏やかで満たされた日々のための、ちょっと前向きな人生論。

定価(本体1100円+税)
ISBN 978-4-334-99012-1
発行:夕日書房　発売:光文社

夕日書房◆好評既刊

2022年12月刊

## 沈黙を生きる哲学

古東哲明

仕事がうまくいかない。病気がつらい。勉強が手につかない。人間関係に翻弄される。人生にゆき暮れることは誰にもある。そんなときは、静かに目を閉じ沈黙してみよう。いつのまにか、問題を解消してくれる。でも沈黙は、無言になることではない。大切なことは、いつも沈黙のなかで起きてきたはず。それは、沈黙こそが、唯一、存在（実在）に触れる態度だからだ。存在倫理の新しい地平を拓く、深く静かな論考。

定価（本体2000円+税）
ISBN 978-4-334-99014-5
発行:夕日書房　発売:光文社

2023年5月刊

## 池波正太郎 粋な言葉

里中哲彦

令和5(2023)年に生誕100周年を迎えた作家、池波正太郎。『鬼平犯科帳』『真田太平記』『剣客商売』『仕掛人・藤枝梅安』など、生み出された作品のストーリー性もさることながら、その神髄は池波自身が語る、また作中人物に語らせる言葉にある。あらゆる池波作品から成熟した大人の機微や余韻を感じさせる名言を取り上げ、その魅力に迫る。

定価(本体1400円+税)
ISBN 978-4-334-99016-9
発行:夕日書房　発売:光文社